高校学生工作经典案例分析与研究

彭义雯　秦婉怡　著

西南交通大学出版社
·成都·

图书在版编目（CIP）数据

高校学生工作经典案例分析与研究 / 彭义雯，秦婉怡著. —成都：西南交通大学出版社，2022.12
ISBN 978-7-5643-9097-6

Ⅰ.①高… Ⅱ.①彭…②秦… Ⅲ.①高等学校–学生工作–研究–中国 Ⅳ.①G645.5

中国版本图书馆 CIP 数据核字（2022）第 250866 号

Gaoxiao Xuesheng Gongzuo Jingdian Anli Fenxi yu Yanjiu
高校学生工作经典案例分析与研究

彭义雯　秦婉怡 / 著	责任编辑 / 何宝华
	封面设计 / 原谋书装

西南交通大学出版社出版发行
（四川省成都市金牛区二环路北一段 111 号西南交通大学创新大厦 21 楼　610031）
发行部电话　028-87600564　　028-87600533
网址　http://www.xnjdcbs.com
印刷　成都蜀雅印务有限公司

成品尺寸　170 mm×230 mm
总印张　11.5　　总字数　191 千
版次　2022 年 12 月第 1 版　　印次　2022 年 12 月第 1 次

书号　ISBN 978-7-5643-9097-6
套价　68.00 元

图书如有印装质量问题　本社负责退换
版权所有　盗版必究　举报电话：028-87600562

前　言

高校学生工作主要是指对大学生进行的思想理论教育和价值引领、学风建设、党团和班级建设、心理健康教育与咨询、学生日常事务管理、网络思想政治教育、校园危机事件应对、职业规划与就业创业指导等工作的统称。高校学生工作具有工作内容广泛、学生主体多样、特殊学生情况复杂、工作形式具有创新性等特点，从而使部分新入职的辅导员或学生教育工作者在面对复杂、多变、烦琐、突发的学生工作时无从下手。为此，本人根据自身多年的学生教育管理工作经验，提取了学生工作中具有代表性的学生案例，并对案例事件还原、案例情况分析、解决思路和方法设置、教育效果呈现、案例反思总结等步骤进行了研究总结，撰写了《高校学生工作经典案例分析与研究》一书，希望能为新入职的辅导员或学生教育管理工作人员提供工作思路，对其学生教育、管理、服务工作有所指导和帮助。

《高校学生工作经典案例分析与研究》一书是高校从事学生教育管理工作的一线辅导员和相关的教育管理工作者，对高校学生工作中常见的典型案例进行情景还原和事件复盘，运用思想政治教育、心理学、教育学、管理学及相关学科的原理、方法、策略等，对学生工作中发生的各类典型案例及其处理过程进行的详细描述和经验总结。本书共有 7 个篇章，"教育引导篇"主要是帮助学生树立正确的世界观、人生观、价值观，教育引导其处理好思想认识、价值取向、学习生活、择业交友等方面的具体问题；"学风建设篇"主要涉及学生个人、宿舍、班级等各层面的学风建设中存在的典型问题；"学生干部培养篇"主要是对学生骨干的遴选、培养、激励等方面的工作的总结和分析，它是党、团和班级建设的重要组成部分；"奖助学金篇"主要涉及家庭经济困难认定、助学金和奖学金评定过程中遇到的典型问题；"朋辈互助式心理疏导篇"是针对采用"朋辈互助式心理教育"新模式，开展心理健康教育，实现助人自助模式过程中的典型案例进行分析总结；"校园危机事件应对篇"主要列举了大学生在校期间发生的具有代表性的意外伤亡和公共卫生事件，以及面对突发事件时的规范处理流程等问题；"创业就业篇"涵盖了大学生创业、考研、慢就业、就业困难专业、女生等就业困难群体的典型案例，并针对性地对各群体提供了就业创业途径。

  书中所涉及的案例均是大学生身上发生的真实案例，通过对案例的研究、分析、处理、反思、总结，可以为学生工作者在开展学生工作时提供借鉴和带来启发，并尽可能地提供对相关案例进行处置时所依据的法律、法规、政策、条例，为学生工作者开展相关工作提供了法律依据，对于提高高校辅导员自身素质、拓展知识视野、创新工作思路、加强高校思想政治工作队伍专业化建设具有指导意义。

  本书由重庆交通大学彭义雯负责研究思路设计、案例类型确定、文本统稿和修改工作。其中彭义雯老师主要负责"教育引导""奖助学金""朋辈互助式心理疏导""创业就业"几个篇章的案例研究和分析，并撰写了对应篇章的案例；重庆开放大学重庆工商职业学院秦婉怡老师主要负责对"学风建设""学生干部培养""校园危机事件应对"几个篇章的案例进行研究和分析，并撰写了对应篇章案例。本书从各个不同角度对当前在校大学生在学习、生活中出现的带有倾向性的新问题进行了深入研究和分析，提出了高等学校学生工作的新思考、新模式，可帮助学生工作者提升学生工作的实效性和针对性，做好大学生教育、管理、服务工作。

  本书在撰写过程中得到了一些同行的大力支持，在此一并表示诚挚的谢意。

目 录

教育引导篇

案例一　不抛弃，不放弃 …………………………………… 002
案例二　亦师亦友，帮助学生走出思想误区 …………… 007
案例三　家庭矛盾引发学生在校异常表现 ……………… 012

学风建设篇

案例四　坚定内心，向前奔跑 …………………………… 020
案例五　别让侥幸摧毁了信任 …………………………… 027
案例六　自由不等于放纵 ………………………………… 034
案例七　思想决定行动，行动决定结果 ………………… 040

学生干部培养篇

案例八　引导学生干部正确看待"名"和"利" ……… 050
案例九　一名学生干部的"完美蜕变" ………………… 053
案例十　坚强的刺猬 ……………………………………… 056
案例十一　加强价值引领，提高责任意识 ……………… 062

奖助学金篇

案例十二　助学金评定过程中遇到的举报 ……………… 070
案例十三　励志奖学金评定引起的纷争 ………………… 075
案例十四　由贫困生认定过程中的投诉案例引发的思考 ……079

朋辈互助式心理疏导篇

案例十五　因情感纠纷导致的心理问题 …………………… 090
案例十六　学习压力大引发精神分裂症 …………………… 097
案例十七　学生突发急性精神障碍 ………………………… 100
案例十八　抑郁症引发的突发事件 ………………………… 104
案例十九　心理异常学生拒绝就医怎么办？ ……………… 108
案例二十　敞开心扉，接纳阳光 …………………………… 116
案例二十一　爱自己才能爱别人 …………………………… 122

校园危机事件应对篇

案例二十二　睡梦中逝去的生命 …………………………… 132
案例二十三　学会包容，感恩遇见 ………………………… 137
案例二十四　冲动的惩罚 …………………………………… 143

创业就业篇

案例二十五　不忘初心、筑梦创业 ………………………… 152
案例二十六　创业无须急于一时 …………………………… 157
案例二十七　"二战"，你是认真的吗？ …………………… 162
案例二十八　如何解决非师范类院校数学类专业毕业生就业
　　　　　　难题 ………………………………………… 166
案例二十九　如何帮助理工科女生顺利就业 ……………… 171

参考文献 ……………………………………………………… 176
后记 …………………………………………………………… 177

教育引导篇

　　青年大学生是祖国的未来、民族的希望，肩负着实现中华民族伟大复兴的重任。正处于"拔节孕穗期"的大学生们，在学习和生活的岔路口、在人生的关键紧要处，需要有人关心关爱并且给予正确引导。辅导员作为大学生价值引领的骨干力量，是高校实现立德树人目标的重要依托。帮助大学生处理好思想认识、价值取向、学习生活、择业交友等方面的具体问题是辅导员的工作职责。青年大学生正处在世界观、人生观、价值观形成的关键时期，抓好这一时期的教育引导至关重要。

　　本篇章案例包含了大学生学习生活中遇到的几类比较典型的问题，例如：新生适应问题、沉迷网络、专业认知偏差、不服从学校管理、人际关系紧张等。每个案例都包括事件的经过及其解决思路、教育方法、教育效果和启示反思等。

案例一
不抛弃，不放弃

一、案例简介

学生小刘，男，乐观开朗，积极上进，学习成绩优异，积极参加社团活动，还成了班上第一批被发展为入党积极分子的同学。但是突如其来的一场意外，彻底改变了他。

小刘的父亲是一名电工，在小刘大一暑假期间，工作时意外去世，单位赔付了一笔80万的抚恤金，在其父亲还没入土为安的时候，小刘的奶奶、姑姑都纷纷找到小刘的母亲，称他们也是遗产继承人，要求分这笔钱。小刘父亲去世后，小刘的母亲终日以泪洗面，面对奶奶和姑姑的要求，一家人更是闹得不可开交。经历这一事件以后，小刘变得沉默寡言、消极懒惰，开始沉迷网络游戏，出现逃课、厌学等情况。辅导员多次与其谈心，进行沟通交流，均无效果。辅导员联系小刘的母亲告知小刘在校的表现，希望家长协助学校一起对小刘进行心理疏导并加强教育。但是小刘母亲一听小刘的在校情况，就痛哭流涕，称自己也管不了他，完全无法交流。辅导员只能将他转介到心理咨询中心。但是他抵触情绪很大，要么拒绝去心理咨询中心，要么到了咨询中心便一言不发。辅导员建议家长到校带孩子去专科医院的心理门诊就诊，但是家长认为小刘心理并没有问题，也没有出现自伤或伤害他人的行为，拒绝到校。由于他尚未达到强制送医的标准，辅导员也无法说服其自愿到医院就诊，小刘就一直浑浑噩噩地度过了大二。结果由于不及格学分过多，受到了学籍处理。小刘不愿意退学，自己又申请了降级试读。

由于小刘是降级试读学生，新接手小刘的辅导员就把小刘列为重点关注对象，并向原辅导员了解小刘的基本情况。当发现小刘又出现了旷课行为时，就立即找到小刘谈话，告知小刘这一学年本是试读期，若试读阶段仍不能获得不及格学分的三分之二，就会被强制退学。小刘一开始还是不予理睬，辅导员就避开了学习，先和小刘谈其父亲的事情，辅导员用温和的语气对小刘说："如果你父亲知道你现在的情况的话，会怎么想呢？"小刘的眼泪一下夺眶而出，终于开口说话："他不会知道的，他再也不会知道了！"。经过和小刘的沟通，辅导员了解到，小刘从小就和父亲的关系特别好，父亲的意外离世对其打击非常大，再加上奶奶、姑姑因为抚恤金的事情和母亲引发纠纷，现在亲人之间已经因为金钱反目成仇了。一系列突发事件让小刘感觉不到亲情的温暖，面对母亲的终日以泪洗面，他自己也只想逃避，不想看见母亲伤心失落的模样，也不愿主动和母亲联系。一开始也没想逃课，但是自己发现坐在教室里根本就无法认真听讲，脑袋里一片空白，久而久之就开始放纵自己，在虚拟的网络游戏中寻找心灵的慰藉。

通过与小刘的深入交流，辅导员老师帮助小刘分析目前存在的问题，小刘也认识到了自己的错误，向辅导员老师保证自己以后一定好好认真学习。

在随后的一个月里，小刘还是多次旷课。辅导员每周找他谈话时，他态度良好，表示自己尽量调整状态，虽然有想学习之心，但是自控能力太弱，还是会情不自禁地想玩游戏。而且由于自己前期太久没有学习，已经完全跟不上老师的课程进度，所以上了两次课后因为完全听不懂就想放弃。辅导员先是安慰小刘，表示可以找任课老师和成绩优异的同学帮助其补习，然后批评了其旷课行为，并将《学生手册》里关于旷课的处分条例告知了小刘，强调若继续如此会受到学校的处分，小刘也受到了一定的警示。随后辅导员联系了该生的每一门任课老师，介绍了学生情况，所有的任课老师都很热心，都愿意在课堂上多帮助小刘。同时辅导员还安排了党员、优秀学生干部、寝室同学，一起帮扶小刘同学。寝室同学主要是督促小刘按时起床上课，党员和优秀学生干部则带领小刘一起上自习，每天都帮助小刘复习当天的课程。辅导员也定期带小刘到学校心理咨询中心与心理咨询老师约谈，帮助其尽快从父亲去世的创伤中走出来。与此同时，辅导员也和该生的母亲联系，希望家长能够尽快振作起来，在孩子面前尽量坚强一点，不要总是把悲伤的情绪传递给孩子，和学校一起帮助孩子勇敢地面对这场意外。

通过大家的共同努力，小刘的学习成绩逐渐有了起色，人也慢慢变得自律了。辅导员了解到小刘爱好唱歌，就鼓励其参加学院的迎新晚会，通过参加集体活动，小刘慢慢地建立了自信心，性格也逐渐变得开朗起来，和母亲的关系也缓和了，愿意主动与家人联系了。

在老师和同学们的帮助下，小刘顺利毕业并且找到了一份与本专业相关的工作。在领取到毕业证的当天，小刘专门到辅导员办公室对老师表达了感激之情，感谢老师当初没有放弃他，让他感受到了来自老师和同学们的关心和关爱，让他明白了除了亲情，还有师生情和同学间的友情。他不想让老师和同学们失望，才有了后面努力的动力。

二、案例分析

1. 家庭突发变故，导致学生心理受到创伤

母亲的软弱、亲人的冷漠，让原本乐观开朗的学生把自己封闭了起来，不与外界联系。

2. 沉迷网络虚拟世界，在游戏中寻找慰藉

游戏成瘾，缺乏学习的动力，学习成绩一落千丈，受到降级试读的学籍处理。

3. 缺乏自制力

虽然意识到自己的错误行为，但是不能付诸行动改变。

三、教育方法

1. 解铃还须系铃人

从父亲的意外离世入手，打开学生的心结，与学生共情，帮助其心理重建。

2. 与学生谈心，思想上进行积极正面的教育引导

辅导员回顾小刘大一时在校期间的各方面优秀表现，给予高度认可，鼓励其重新振作。

3. 关心关爱学生，对于"问题学生"不轻易放弃

辅导员联合各方力量，家长、任课教师、心理咨询中心老师、同学一起帮助该生，使其意识到家人、老师、同学对他的关心、关爱，激励其积极向上。

四、教育效果

经过一年的努力，学生从父亲意外离世的阴影中走了出来，明白了"逝者已矣，生者如斯"的道理，所有的不及格课程也顺利通过，结束了降级试读，回归正常的学习状态。毕业时通过自己的努力也找到了工作，重回了以前乐观开朗的状态。

五、教育案例反思

1. 辅导员开展思想政治教育工作，要有耐心，不能进行简单的说教

对学生应该动之以情，晓之以理，要取得学生的信任，学生才会听取你的建议，接受你的帮助。

2. 构建"家长—老师—同学"三位一体的社会支持系统

让学生感受到来自各方的关爱，学生拥有了足够的社会支持，才能从自闭的状态中走出来。

3. 针对"屡教不改"的"问题学生"，不抛弃不放弃

找准突破口，用真情打动学生，真心关爱学生，就能正确引导学生及时"悬崖勒马"，重归正途。

案例二
亦师亦友，帮助学生走出思想误区

一、案例简介

小林，女，性格内向，来自偏远农村，家庭经济困难。她高中学习成绩非常好，老师、家人对她抱有很高的期望，高考对于她来说，就是一个改变自己命运的机会。可是，因高考发挥失常，她没有考入自己理想的大学。父亲意外去世，母亲体弱多病，家中还有两名在上中学的弟弟妹妹，她家被当地政府评定为低保户，家庭靠母亲务农和政府的资助艰难度日，家庭的现实情况不允许她再复读一年。所以她进了一个自己不想去但又不得不去的大学，而且还是一个自己不喜欢的专业。残酷的现实打碎了她心中的梦想。一进校，她就封闭了自我，不愿与别的同学交流，寝室同学与她主动交流，她也不予理睬，同学们就渐渐地疏远她了。

小林不像其他学习困难的学生那样沉迷于网络，贪玩不学习，她会每天按时去上课，只是心不在焉，人在教室坐着，心却游离在外。学校里丰富多彩的文化活动，她也毫无兴趣，整天萎靡不振。第一个学期结束以后有3门课程不及格，成绩排到了班级倒数第4名。因为挂科，辅导员开始注意到小林，在寒假的时候就多次QQ与小林联系，希望她尽快进入大学的学习状态，假期里抓紧时间复习，开学准备补考，小林只是简单回复"嗯，知道了，谢谢老师"来结束辅导员老师几次的主动交谈。

大一第二学期开学，小林一到学校就被辅导员叫去了办公室，辅导员想了解一下小林假期在家的情况。小林一直低着头，不愿意与辅导员多交流，谈话没能继续下去。小林找了个理由，离开了办公室。辅导员见传统的谈话方式无法开展，就转战到小林的寝室。辅导员经常去小林的寝室走动，和寝室其他同学也越来越亲近，和她们谈天说地，聊大学生喜欢做的事情，顺带问问小林，对其表达关心，寝室热闹的氛围也在慢慢感染着小林，辅导员与小林相处的气氛逐渐融洽。起初小林也是回答只言片语，时间久了以后，就慢慢和辅导员熟络起来，也开始愿意回答辅导员的提问了。一次辅导员老师假期值班，看见小林一个人坐在学校湖边的长椅上，就走过去询问小林："我可以坐下吗？"小林立即慌张地站了起来，点头表示同意。辅导员就像朋友一样和小林交流，说自己也喜欢来湖边坐坐，可以看着湖面静静地发呆。小林表示她也喜欢来湖边放空自己。就这样你一言，我一语地，小林逐渐打开心扉，告诉辅导员自己不喜欢这个学校，不喜欢这个专业，但是她又不想让妈妈失望，爸爸已经离开了她们，自己不想让妈妈再受苦，但是自己真的很不喜欢现在的这一切，根本就不想学习，但是又一直强迫自己学习，所以一直都是每天去上课，但是根本就没听老师在讲什么。听了小林的倾诉以后，辅导员首先肯定了小林是一个孝顺的孩子，她妈妈有她这么一个懂事的孩子一定很幸福。然后帮助她分析学校和专业，让其明白大学并非"一考定终身"，大学专业不是决定一切的根本。如果自己不喜欢本专业，还可以通过辅修第二专业，选择自己喜欢的专业学习，或者是通过考研的方式，报考自己理想的学校，继续深造。同时，辅导员给小林安排了一个勤工助学的岗位，又单独给寝室同学做了思想工作，希望通过朋辈互助的力量，帮助小林走出低谷。从此以后小林经常和室友一起上课、参加社团活动，帮助老师处理一些日常事务，开启了繁忙而充实的大学生活，每天学习、工作、社团活动，忙得不亦乐乎，渐渐性格也变得开朗了。

二、案例分析

1. 学生没有从高考失利的阴影中走出来

小林带着强烈的不甘情绪进入大学，心理产生了强烈的落差感。

2. 来自家庭的压力

高中曾经非常出色的自己没有考上理想的学校，觉得自己愧对家人，产生自卑心理，对未来失去信心。

3. 没有很好地适应大学生活

由于内心对学校和专业的抗拒，她没有融入集体，此后越来越远离班集体，缺乏与老师、同学的交流，毫无学习动力。

4. 缺乏对学校和专业的全面了解

未对自己本专业有深入的认识，对专业的未知导致对未来方向感到迷茫，没有明确的奋斗目标。

三、教育方法

1. 与家长保持沟通，注重"家校联动"

让家长多给予她一些关心、安慰以及鼓励。

2. 发动朋辈互助的力量

安排学生党员、优秀学生干部、室友等关心帮助她，并主动邀请她一起参加社会实践、社团活动等，让她尽快融入班集体中。

3. 建立 QQ 联系

定期谈心，以朋友的身份告诉她一些以前的学长学姐的励志故事，鼓励小林积极申请学校的勤工助学岗位，帮助其申请临时生活补贴，劝导其努力学习，告知将来可以以优异的学习成绩获得奖学金等。如此既能帮助她缓解家庭的经济压力，又能锻炼她的各方面能力，使其增强自信心，获得认同感。

4. 加深学生对学校和专业的了解

邀请系主任、学业导师、专业课老师为学生讲解专业的发展前景、未来就业的方向、可就业的单位，带学生到相关企业参观学习，让学生们了解就业去向，提高学生对专业的认可度。

5. 开展主题班会和年级会议

为低年级学生进行新生适应性问题的宣讲和教育以及职业生涯规划方面的讲解。

四、教育效果

通过老师、同学、家长的共同帮扶，小林再也不像以前那样萎靡不振，变得充满阳光、积极向上、努力学习，与同学相处融洽，主动参加集体活动。第二学期的期末考试成绩排名进入了专业前几名，对本专业的认识也发生了变化，由一开始的厌恶排斥到逐步了解认可，还向辅导员反馈，感觉未来这个专业的发展前景非常好，未来考研的时候也会将本专业作为重要参考方向。

五、教育案例反思

1. 辅导员要成为学生的人生导师和健康成长的知心朋友

在开展学生工作时，当老师的身份受到排斥时，朋友的身份更容易走进学生的内心。我们在对学生进行教育管理的过程中扮演着亦师亦友的角色。在学习和生活上要像朋友一样照顾自己的学生，关心关爱他们，与学生平等地交流，想学生之所想，急学生之所急。

2. 解决思想问题与解决实际问题相结合

辅导员所带学生众多，主动寻求辅导员帮助的学生比较少。因此，辅导员更应该主动走进学生群体，多去了解学生们的内心想法和面临的困难，例如思想上的问题，实际学习上、生活上的困难等。对于需重点关注的学生，要根据学生的具体情况有针对性地给予关心与照顾。例如本案例中为学生安排勤工助学的岗位，帮助其申请临时生活补贴，鼓励其努力学习，以优异的学习成绩去争取奖学金来解决实际的经济问题等。因材施教，才能从根源上解决问题，帮助更多的学生从困境中走出来。

3. 充分发挥心理委员、学生干部、党员的作用，构建一个完善的朋辈互助式心理服务体系

辅导员一个人的力量十分有限，但是可以发动班级学生干部、学生党员，让他们做好模范带头作用，去帮助那些遇到困难和挫折的同学，培养团结合作的精神，让大家互帮互助，实现大学生的自我监督、自我管理、自我服务、自我教育。

4. 做好新生入学教育，落实"三全育人"

新生入学教育也是新生适应性教育，主要内容包括：校史校情教育、理想信念教育、专业教育、心理健康教育、校纪校规教育、安全教育和诚信教育等。多数大一新生是第一次远离父母来到大学这一陌生的环境，曾经中学时期的佼佼者来到"高手如云"的大学，变得如此的普通，面对明显有别于高中的学习模式，他们可能会产生心理失衡。有的可能是第一次过集体生活，不知道如何处理寝室间同学的人际关系、对学校对专业的不了解、对未来大学生活和就业的迷茫等，种种未知和不适应扑面而来。这时，就需要学校各部门合作，共同做好新生的入学教育，让学生了解学校，了解自己的专业，看见未来的方向，帮助其调整生理和心理上的各种不适应，告知其一些规章制度，帮助其快速了解大学并且适应大学的生活，尽快融入美好的校园生活。

案例三
家庭矛盾引发学生在校异常表现

一、案例简介

2021年9月,某高校刚刚开学一个星期,辅导员就接到宿舍管理员的电话,称信管专业大三的张某,从开学就一直睡在地板上,宿管员多次劝阻,均不配合搬离。张某的行为不仅堵塞了寝室的消防通道,也给宿舍的其他同学造成了不便,人际关系紧张。宿管员希望辅导员老师帮忙劝导一下。辅导员立即联系张某,叫他到办公室来谈话。张某称他开学报到的时候来宿舍太晚了,宿舍的下铺都被其他同学选完了,给他留的那张上铺的床存在安全隐患,他担心自己会摔下来,所以才睡的地板。张某进一步向辅导员反映,大三来到老校区以后,寝室的住宿环境比新校区差了很多,独立卫浴都没有,自己很不习惯,抱怨了一大堆。辅导员耐心地开导了张某,告知他目前所住的这个校区里有上千人,大家都是从新校区搬过来的,老师非常理解刚刚来到这样的一个新环境可能会不适应,但是老师相信同学们能尽快调整心态,尽快融入老校区的学习和生活当中,并表示会联系宿管中心,让宿舍管理中心的维修人员立即帮其加固上铺并且设置围栏,询问他若床铺修好,是否愿意搬回上铺。张某表示可以。随即辅导员联系了宿管,宿舍管理中心的维修人员也很快将其床铺进行了加固,设置了围栏。辅导员来到寝室帮助张某把地上的被子铺到了上铺,学生表示感谢后,辅导员离开了宿舍。谁知,第二天辅导员又接到了宿管的电话,称张某又睡到地板上了。辅导员再次找张某谈话，询问原因，这次张某称其自己在上铺睡了一夜，辗转反侧，就是睡不着，所以无奈又打地铺。辅导员询问是否必须要睡下铺，学生表示只有睡下铺才能睡得着，本着以生为本的原则，辅导员再次联系了宿管，帮助该生在楼下有空余床位的宿舍为张某安排了一个下铺，但是张某以不是本专业同学为由，拒绝去其他宿舍住宿，本专业同学也不愿意与张某换床铺，辅导员只得继续做其思想工作，帮其分析了目前的情况，劝其先试着晚上去楼下住几天试试，白天还是可以在原宿舍和本专业的同学一起学习交流，张某勉强同意了。辅导员当天和宿管一起帮助该生收拾行李，为其铺好了床铺。

本以为事情就到此为止，没想到过了几天宿管又再次找到辅导员称张某又搬回了原宿舍，并且睡在了地板上。辅导员开始意识到了张某这种行为可能不是简单的因为床铺等宿舍住宿问题。为了对该生有更进一步的了解，辅导员联系了该生的父亲，告知其张某近期在校情况，询问该生父亲张某以前在家的行为习惯、脾气秉性以及近期家中是否有什么突发变故，父亲称孩子一直挺正常的，家里也没发生什么变故。辅导员又找到其宿舍的同学了解情况，宿舍同学称以前张某挺正常的，不知道这学期开学怎么就成这样了，我行我素，完全不顾及其他同学的感受。辅导员又询问了张某原校区的辅导员，原辅导员老师也称前两年这孩子挺正常的，没觉得有什么问题。辅导员再一次找到张某，张某说："老师，您能不能不要再管我了，就让我睡地板行不行？"辅导员耐心地对张某说："这次不是说床铺的问题，想和你聊聊其他事情，因为你们前两年是另外一个老师带的，我对你们的情况都不了解。"通过进一步地深入交流，辅导员发现张某基本不提自己的父亲，经常提到自己的母亲，不具体说自己的家庭情况，都是很笼统地带过，能察觉出张某在刻意回避一些事情。结束与张某的谈话后，辅导员再次联系了张某的母亲，从张某母亲处得知了关于家庭的重要信息。

原来在刚刚过去的这个暑假，张某天天都在家和父亲起争执，导致张某现在脾气非常暴躁，并且开始异常任性，跟以前完全不一样。张某之所以会出现如此巨大的变化是因为张某在高中时期，父亲婚外恋并且离家出走了，但是并没有与母亲办理离婚手续。虽然父母感情出现了问题，家庭出现了突发情况，但是张某有一位坚强的母亲，并没有把一些负面情绪传达给张某，依然对张某无微不至地照顾和关爱，加上张某一直是个性格开朗的孩子，父亲离家出走，张某并没有太大的反应，也没有影响到他的学习。最后他顺利考上了大学，他们母子相依为命，一直过得还不错。但是，就在刚刚过去的暑假，他父亲查出了癌症，父亲就提着行李回到了家里，张某表示很不能理解，天天对着父亲吵："当初是你抛弃妻子，离家出走，现在生病了，你还有脸回来？"同时又责怪母亲，为什么心软要收留父亲。虽然张某嘴上不饶人，但是看着父亲在医院做化疗的时候又会非常心疼父亲，所以张某陷入了一个非常矛盾的状态。并且张某很好面子，他觉得父亲婚外恋的事情是个污点，让他蒙羞，所以不愿意其他人知道他父亲的事情。辅导员根据张某母亲的描述，加上自己在跟张某交谈中，张某不愿意与辅导员提及家庭和父亲等情况，进行综合分析，认为张某可能需要心理咨询老师的帮助。

将张某的基本情况向心理咨询中心老师介绍以后，张某和心理老师进行了约谈，但是张某的警惕心很高，心理咨询老师对其说明了保密原则后，他依然不愿意透露家庭的情况。心理老师也没将此事说破，经过心理老师的几次的心理咨询和辅导员的多次谈心，他的情况改善不大，依然睡在地板上。辅导员只得以其行为违反《学生手册》相关管理规定为由，要求其不能再睡在寝室地板上，张某担心被处分，终于搬到了其他专业的寝室入住。

虽然用处分威慑的方式暂时解决了张某的问题，但是辅导员深知这是治标不治本的方法，必须从其他地方寻找切入口，进一步深入了解张某，主动去关心和开导他，帮助他缓和家庭亲子关系，改善寝室人际关系。终于辅导员在翻看张某的档案时，发现他曾经递交过入党申请书，但是因为学习成绩比较差，就迟迟没能在班级成功推优。辅导员以此为契机，多次和张某交流入党的问题，谈论一些对党的知识的认识、了解以及他的入党动机等。辅导员发现张某对共产党的历史比较了解，并且对我们党的革命先烈充满了崇敬之情，对自己能够加入中国共产党依然满怀期待,并且入党动机很端正。辅导员就借此机会,向其介绍了很多优秀学生党员的先进事迹,讲别人的大局意识、奉献精神、模范带头作用等,还特意为张某讲述了一名与张某同学院同年级的学生党员带着生病父亲上学的真实故事,张某听后深有感触。连续几个月的接触,让张某对辅导员不再那么排斥了,平时也愿意主动和辅导员交流,称自己要努力成为入党积极分子。辅导员对其表示了鼓励,同时也提出了要求,希望他自己依据优秀共产党员的标准来对照检查自己,看自己有哪些方面需要改进的。不断努力的话,12月的班团推优应该还能赶得上去争取一回。张某听后干劲十足,立即回到寝室把床铺搬回了原寝室的上铺,主动缓和与寝室同学的人际关系,并且向宿舍管理员进行了赔礼道歉,说以前是自己太任性,给宿舍管理员的工作造成了很多的麻烦。不久后,班团组织推优,经过全班同学的无记名投票,张某如愿推优成功。张某兴奋地来到辅导员办公室将此好消息告知辅导员,辅导员对其表示祝贺,希望其继续努力,把学习成绩提高,多参加学校的活动,多为班级同学服务,争取尽快成为入党积极分子。张某突然站起来对辅导员鞠躬,并很诚恳地对辅导员说:"老师,感谢您这几个月对我的关心和帮助,其实我开学初那些幼稚任性的行为,就是想获得别人的关注,同时又非常自私,不顾及其他人的感受。本来想破罐破摔,但是没想到老师居然没有歧视我,还给我入党推优的机会,我一定不辜负老师的期望,这学期的课程我都有很认真地学习,期末考试应该不会太差。下学期您等我的好消息!"看到张某斗志满满的样子,辅导员也非常欣慰。辅导员联系了张某的母亲并告知其张某在校期间的进步,其母亲也表示非常感谢老师,张某近段时间对其父亲的态度好了很多,现在一家人的家庭氛围也融洽了很多,他每周还会主动给家里打电话询问父亲的病情,关心母亲的身体健康,家长觉得孩子仿佛一夜之间长大了。

二、案例分析

本案例中,学生家庭突发变故,亲子关系不正常,父子关系紧张,学生烦躁矛盾的情绪无法疏导，到校后发现没有自己满意的床铺，同学又不愿意与自己调换，就故意不服从宿舍管理，不考虑他人感受，我行我素，以此来发泄自己的不良情绪。

三、教育方法

1. 谈心谈话

谈心谈话是辅导员开展思想政治教育工作中用到得最多也是最传统的一种方式。本案例中，辅导员多次与张某谈心谈话，一步一步深入了解学生异常行为背后的真实原因，终于在找对突破口后，发掘张某的优点，批评教育与鼓励表扬相结合。为其建立奋斗目标后，张某有了明显的转变。

2. 家校联系

当学生不愿提及家庭、父母时，往往学生的成长史或者亲子关系或多或少会有点问题，辅导员通过与家长联系，从家长处获得有用信息，了解学生当前所面临的真实问题，才能有针对性地帮助解决。

3. 榜样作用

本案例中，加入中国共产党是张某的信仰，身边的优秀学生党员就是张某学习的榜样，因为张某不愿意他人知晓父亲的事情，所以辅导员采用旁敲侧击的方法，用张某身边的同学照顾父亲的真实故事去感化张某，并从个人信仰入手，让张某自我检讨、自我教育、自我监督。这样比单纯的讲道理更事半功倍。

四、教育效果

张某在与辅导员多次谈心谈话以后，树立了远大的奋斗目标，家庭原因导致的不良情绪得到了疏导。不仅其寝室问题得到了较好解决，人际关系也明显改善，学习成绩也有所提高，并且成功被班团组织推优。最大的成效就是父子关系缓和，亲子关系逐渐恢复正常。

五、教育案例反思

1. 耐心、细心、爱心、责任心、宽容心是辅导员做好思政工作必备的"五心"

面对案例中张某前期的种种不配合，辅导员若没有"五心"做支撑，恐怕张某早已沦为被放弃的"问题学生"。本案例中，正是辅导员的耐心引导教育、细心发现问题、爱心感化偏执以及强烈的责任心和宽容心，将张某从内心矛盾的泥潭中解救出来，使他重新回到正轨，变得积极乐观向上。

2. 了解学生成长史，对开展教育工作至关重要

本案例中，一开始辅导员与张某父亲联系，张某父亲刻意隐瞒亲子关系紧张的事实，谎称家中一切正常，导致辅导员无法获得有用信息，教育引导工作一度陷入僵局。所幸后期再次与母亲联系才得知重要信息，也是学生在校异常行为关键所在。所以在与家长联系时，若非父母一方去世，则有必要与父母双方都取得联系，多方求证，综合判断，家校合作，共同教育。

3. 惩罚与激励相结合

本案例中，在辅导员与管理员多次教育引导，张某依然毫无改变时，辅导员用学校的管理规定和处分条例对学生进行了威慑，暂时纠正了其不当行为。后又以入党为切入点，发掘闪光点，鼓励学生积极向上，用榜样的力量激励学生，最后帮助学生从思想上纠偏，做到知行合一。

小　结

在开展思想政治教育工作时，要促使学生的健康成长、成才，就要把握学生的成长规律，要重点抓住几个关键时期：大一的新生适应性教育、大二学生的学业和职业生涯规划、大三学生的实习实践、大四学生

的就业指导等。其中新生入学教育是大学生涯开启的第一步，这一步至关重要，良好的开端能帮助学生少走很多的弯路。做好新生入学教育既可以帮助学生了解自己的学校历史、专业背景、就业方向，还可以使学生明确自己学习目标、未来规划，更可以帮助其缓解生理和心理等各方面的不适应。在大学生成长的过程的不同阶段，都需要学生教育工作者的悉心引导和教育，帮助他们在迷茫时拨开云雾，犯错时及时纠偏，坚定理想信念，树立合理的奋斗目标，找到正确的前进方向。

建立一套完善的家校联系制度，及时将学生在校期间的学习、生活等各方面情况反馈给家长，实现家校共育。同时辅导员在与家长联系时要注意方式方法，要先了解学生的家庭情况，例如家庭经济是否困难、亲子关系是否正常等，再寻找合适的时机向家长反馈学生的异常情况，以免家长有意隐瞒重要信息或不配合学校开展工作。

要做好学生的思想教育引导工作，还需要有"五心"，即耐心、细心、爱心、责任心、宽容心。面对复杂多变的学生问题，学生教育管理工作者需要常怀"五心"，做到春风化雨，润物无声。

学风建设篇

　　学风即学习风气，是学生的学习态度、学习精神及其自身的思想道德品质的综合体现。高校的学风建设水平直接关系到学生的文化素质及道德水平的高低。目前部分大学生沉迷网络、厌学、学习目标不明确、学习态度不端正，更甚者还有学术不端的现象。因此，加强学风建设，培养高校大学生优良的学习风气，已成为高校学生教育工作者的重点和难点工作。本篇章列举了有关大学生学风建设的具有代表性的几类事件，包含案例事件的经过、解决思路、教育方法、教育效果和启示反思等，以供参考。

案例四
坚定内心，向前奔跑

一、案例简介

小朱同学，家境优越，是家里的独生女，从小受父母宠爱，小朱也乖巧懂事，在小学、中学时期一直是班级里面的学习榜样，老师们夸奖和表扬的对象。在高考之后，小朱对大学生活充满了期望，希望在大学能够获得奖学金，依旧成为老师眼中的优秀学生。

进入大学之后，小朱发现自己不能适应生活环境。大学期间，小朱第一次体验住校，寝室成员来自天南地北，小朱是北方人，来到南方上大学，对大学所在省市的饮食习惯和方言都不是很适应。她从前一直是与父母生活，现在要与五个同学进行集体生活，生活环境的巨大转变让小朱感到不适应。正式进入学习后，小朱发现大学与高中老师的授课方式完全不同。中学时期，每天的课程都是安排得满满的，小朱只需要跟着老师的思路走，在课后更是有数不清的练习题和模拟卷需要练习，所有学习内容都被老师安排得很妥当。在大学，老师只讲授非常精华的部分，老师主要起一个引导的作用，因此课堂的内容多，跨度大，讲课速度也快。小朱对于大学这种非常自主的学习方式感到很不适应，没有了老师和家长的反复叮嘱，也没有了做不完的作业，小朱每天感觉不知道要做什么，课堂上老师讲授的知识点很多，但是课后没有了老师安排的任务，小朱比较迷茫，很难消化课堂上学习的内容。而老师讲授的内容也非常专业，小朱只看教材很难理解，小朱开始在课堂上更加认真地听讲，在课后也复习学习的内容，寝室成员都说小朱非常勤奋刻苦。在第一学年末，小朱各个科目的成绩都不错，但是小朱所有时间都用于学习了，很少参加班级活动和学校组织的比赛，跟班级同学的关系也不亲密，是众人眼中的"独行侠"，因此在综合测评中小朱没有评上一等奖学金。从此小朱的情绪一落千丈，觉得努力并没有回报，无心学习，产生了厌学情绪。在高中时期，小朱还是班里的尖子生，但是在大学没有评上一等奖学金。小朱对自己越来越没有自信，开始和寝室成员一起，在寝室选择"躺平"，没课的时候就在寝室看电视剧，看综艺，打游戏，累了就睡觉，觉得能混毕业就好，找不到工作还有父母帮忙养她。在这种情况下，她和室友的关系反而更加亲密了。

辅导员在校园里遇到小朱，发现小朱身边还有其他的同学，很欣慰她找到了朋友。因为小朱没有评上一等奖学金，辅导员有点担心小朱近期的学习状况，便去询问小朱的科任老师最近小朱的学习情况怎么样。科任老师反映小朱最近上课依旧准时，不迟到早退，但是上课经常走神，不做笔记了，有时候还有打瞌睡的现象。辅导员决定走访小朱所在的寝室，看看小朱最近生活状况以及是否在寝室学习。刚到宿舍门口就听见寝室里面一阵吵闹，仔细一听，发现寝室成员都在一起打游戏。辅导员进入寝室后，小朱解释是最近压力大，和寝室成员一起放松一下，只玩了一会儿。辅导员关心了小朱寝室每个成员的生活状态后，便离开了。在第二天下午四点，辅导员继续走访小朱寝室，发现小朱整个寝室都在看综艺和看电视剧，小朱显然已经习惯了这种生活状态。于是辅导员将整个寝室喊到办公室来进行教育引导，并且与小朱进行了深入交谈。辅导员首先对她们这种懒散的学习生活状态进行了批评，希望她们认识到学习的重要性，作为学生的主要任务就是学习，到大学来是学习知识、拓宽视野的，引导小朱寝室的每个成员都正确认识自己，接受自己的优点和缺点，找到自己的奋斗目标。要走出舒适圈，勇于挑战自我，积极参加校园活动和比赛，多角度提高自身能力，明确人生目标，把握人生方向。小朱和寝室成员回去后，反复琢磨辅导员的话，觉得自己以前的生活完全是"躺平"状态，没有目标也没有方向，以后的人生看不到光亮。因此小朱和寝室成员共同制定了学习目标，开始努力学习，适应大学的上课方式，提前预习，多读、多看、多理解，找到适合自身的学习方法，在困难和疲倦的时候，互相鼓舞，一起向着目标前进。在第二学年，小朱所在的寝室被评为了学校的文明寝室。

二、案例分析

1. 生活环境不适应

小朱进入大学后，从家庭生活环境过渡到寝室集体生活，寝室成员来自天南地北，小朱在异地上大学，还面临着地域的差异以及气候、饮食习惯的不同，这种生活环境的转变让小朱比较难适应，心理上也容易产生孤独感。而寝室成员不良的生活习惯，比如睡懒觉、打游戏、熬夜等，也影响了小朱的心理，因此小朱在后面受到挫折后，也选择了与寝室成员一起在寝室"躺平"。

2. 学习方式不适应

大学的学习目的、学习内容和学习方式都与中学时期有很大的不同，小朱不适应大学的学习方式，在课后就没有了学习方向，不知道干什么，也只能使用高中的学习方法把老师讲课的内容再复习一次。但是大学老师讲课的内容广而深，小朱在不提前预习和查阅资料的情况下很难理解，因此哪怕小朱非常勤奋用功，成绩也没有名列前茅，所有时间都专注于学习，又忽视了课外实践活动，因此没有评上一等奖学金，理想自我与现实自我的巨大差距让小朱产生了失落感和自卑感。

3. 人际关系不适应

小朱专注于学习，很少参加班级活动，成了众人眼中的"独行侠"。

小朱与同学们的关系不是很亲密，班级同学都来自不同的地方，有不同的思想观念、生活方式和价值取向，在相处的过程中，这些差异可能会让同学之间产生冲突，阻碍了同学间的沟通和交流。

4. 没有明确的人生目标

小朱在没有评上一等奖学金之后，便无心学习，心理有了失落感，加上寝室成员的影响，小朱选择了"躺平"。这种舒适的环境更让小朱迷失其中，没有了人生方向，每天课后只想沉迷于消遣活动之中，逐渐失去了学习目标。

三、教育方法

1. 谈心谈话，激励学生

首先对小朱取得的成绩和她大一时的学习态度给予肯定和表扬，希望她在以后的学习中继续保持。同时，建立师生信任关系，合理引导小朱说出心里话，让学生敞开心扉，表达自己的需求和遇到的困难，根据小朱的实际情况帮助小朱解决问题，首先帮助小朱解决学习方面的问题，可以推荐一位学长或学姐给小朱，让小朱去取经，找到适合自己的学习方式。也希望小朱在生活中，要多与寝室成员和班级同学沟通交流，找到志同道合的朋友，对待同学多包容，加强人际交往能力，维护与寝室成员关系的和谐稳定。

2. 积极适应大学学习方式和生活环境

大学学习更强调启发性和探讨性，在课前需要预习学习内容，在课后要及时消化讲授的知识，还要查阅大量的文献和书籍，提高自学能力，加强自控力。在寝室中，要与寝室成员多沟通，有生活习惯的不同可以与寝室成员互相协调，多召开寝室"卧谈会"，聊聊人生理想和生活目标，促进寝室成员互相了解。

3. 鼓励学生积极参加实践活动

因为学习方法不恰当，对课本知识的学习占据了小朱大一的全部时间,小朱全身心投入学习,没有参加校园的活动和比赛,也导致在后面的综合测评中,没有评上一等奖学金,而受到了很大的打击。因此小朱要吸取教训,找到正确的学习方法,积极参加各种活动和比赛,全方面提高自己的能力,拓宽知识面。

4. 帮助学生找到人生目标。

帮助小朱树立积极的人生观和正确的价值观、世界观,拒绝"躺平",抵制懒惰之风,重新找到人生的目标和获得奖学金的信心。重视实践活动,拓宽眼界,并且根据自己的专业特长明晰自己的职业目标和职业理想,不断向前。

四、教育效果

在辅导员与小朱及其寝室成员的谈心谈话之后,同学们也认识到了自己的错误,决定改变现在的生活学习状态,树立积极向上的人生观,找到人生目标,拒绝"躺平",正确认识自我,善于接纳自我,正确认识自己的优点和缺点,发挥自己的长处。寝室成员还共同制定了学习目标,大家一起向着目标前进,哪怕遇到困难和挫折也积极面对,勇于挑战自我,突破自我,根据实际情况,不断调整自己的人生目标和方向。寝室成员互相包容,互相帮助,互相扶持。在第二学年的评优评先中,小朱所在的寝室被评为了学校的文明寝室。在今后,整个寝室继续坚持学习,不断突破。他们也在班级开展经验分享会,和同学们交流学习经验,帮助同学们树立学习目标,找到学习方法,促进班级浓厚学风的形成。

五、教育案例反思

1. 密切关注学生思想和行为动态

作为辅导员,应该始终坚持"三进"原则,多走进教室、进寝室、进食堂,靠近学生,走进学生的内心,密切关注学生思想和行为动态,重点关注学生的学习情况和人际关系，帮助学生切实解决遇到的困难和难题，开展针对性的教育、管理和服务工作，引领学生成长成才。利用班会或者理想信念教育等方式引导学生坚定理想信念，树立正确的世界观、人生观、价值观，找到自己的人生方向，并为之不懈奋斗。帮助学生正确认识自我，善于接纳自我，多角度评价自我，取长补短，在锻炼中不断完善自我，走出舒适圈，勇于挑战自我、突破自我，引导学生将个人理想与国家社会发展需要紧密结合起来。作为老师更应该以身作则，学为人师，行为世范，不断提高人才培养质量，树立远大的人生理想。

2. 开展实践活动，提升班级凝聚力

积极组织开展实践活动，加深学生之间的感情和班级的凝聚力，让学生认识到，学习是学生的首要任务，但是人际关系的培养也非常重要，良好的人际关系是学习生活的基石。引导学生加强沟通合作，培养班级合作精神，让班级成员逐渐形成共同的理想和追求，激发班级成员对班级的认同感、归属感和自豪感。宣传主旋律，传播正能量，营造良好的班级氛围。同时拓展实践平台，在社区、爱国主义教育场所、企业等地方进行社会实践，开展社会调查、社会公益、志愿服务等社会实践活动，对大学生进行思想政治教育，这样有利于大学生了解国情，了解社会，增强社会责任感和使命感。鼓励大学生积极参加各种活动和比赛，进一步巩固在课堂上学到的理论知识，培养大学生运用所学知识解决生活中遇到的实际问题的能力。拓宽大学生的知识面，提高大学生语言表达能力、组织协调能力等综合能力，提高大学生自信心和面对挫折的勇气。

3. 加强班风学风建设

在新生入学时，就要做好教育和管理工作，营造良好的学习氛围，帮助同学们了解学籍管理制度、学校的校纪校规，并且让同学们遵守校纪校规。开展专业学习教育以及诚信教育，让大一新生对大学生活有大致的了解，明白可为与不可为的界限。大学的学习内容和方式也与中学时期不同，因此可以让优秀的学长学姐开展经验交流分享会，帮助大学生尽快适应大学学习节奏，找到适当的学习方式，提高自信心。在课外开展丰富多彩的校园活动和专业技能比赛，提高学生学习兴趣，学习主动性和各方面的综合能力。加强班风学风建设，强化课堂考勤，引导同学们自我教育、自我管理、自我监督。

案例五
别让侥幸摧毁了信任

一、案例简介

小胡同学,女,来自西部偏远地区的一个小山村。在她小学的时候,父母离异,各自组建新家庭,小胡跟着妈妈一起生活。在组建新家庭的第二年,小胡同母异父的弟弟出生了,家中重男轻女,认为女孩子大了嫁人就可以了,于是就在小胡高中的时候,母亲和继父因为家里的经济压力,就计划不让小胡继续读书了。所幸在小胡高中班主任的多次协调和帮助下,小胡顺利高中毕业考上了大学。在班主任老师的劝说下,家里得知学费可以用生源地贷款的方式支付,于是父母同意让小胡读大学,但是小胡要自己负担生活费。在高中班主任的建议下,小胡打算寒暑假去兼职,加上努力学习获得奖学金,这样应该够基本的生活费。小胡就在这样的情况下,怀着希望,坐上了前往大学的火车。

小胡同学在大一期间勤奋刻苦,与室友和班级同学相处和谐。小胡对大学的生活环境和学习方式适应良好,在生活方面勤俭节约,同学们通过小胡的穿着和平时的生活消费知道小胡的家庭条件可能不好,大家对小胡都很照顾。大一开学的时候,在小胡的申请下,学校审核通过了她的家庭经济困难认定申请,她顺利获得了助学金,加上在暑假打工挣的钱,小胡每月的生活费有了保障。小胡现在唯一的目标就是努力学习,名列前茅,获得奖学金。

在辅导员的讲解下,小胡发现奖学金是由学习成绩和操行分组成的综合素质测评决定的，因此小胡还积极参加活动和比赛，希望能够获得一些奖项和证书。她还竞选上了班级的学习委员。小胡觉得虽然担当学生干部会花费一些时间，但是一学年结束的时候，进行班委认定，也可以加综合测评的分数，因此还是选择了竞选学习委员，并成功担任。小胡大一的努力在大二得到了回报，小胡获得了一等奖学金。

在大二，小胡丝毫不敢松懈，仍然刻苦学习，但是随着大二专业课程的内容逐渐深入，有一门专业课，小胡一直学不懂，觉得理论非常枯燥，很多定理不知道是怎么推导得出的，老师讲课也比较快，一堂课的内容很充实，小胡在课后花费了大量的时间和精力也没有搞懂学习的内容。为了不影响学习，小胡辞掉了每周周末的家教兼职，并且在课后向其他同学请教，发现大家都是懵懵懂懂的，都觉得这门科目太过深奥，很多定义理解不了。作为学生干部，为了考核合格，获得综测加分，虽然学习上已力不从心，但是她每天依旧坚持完成学习委员的职责，有时候还会协助班长负责英语四六级的报名信息统计与报名费的收集等其他班级事务。除此之外，小胡还要大量花费时间和精力去为参加的活动和比赛做准备。时间慢慢流逝，到了大二的期末，在经济、学习、工作的多重压力下，小胡没有信心考好这门科目，非常担心这门科目会不会挂科，也担心这门科目考的分不高，拿不到奖学金。同学们和室友都安慰她，大家这门科目的水平都差不多，认真做就好，其他科目小胡可以考得很好，最后综合测评小胡是没有问题的。但是小胡依旧很忐忑，于是在大二这门科目的期末考试中，小胡抱着侥幸心理，在考试中携带小纸条作弊，被监考老师发现。因为作弊，学校给予了小胡记过处分。获得处分之后，小胡心理压力巨大，有很大的罪恶感。同时，没有了助学金和奖学金，小胡也非常担心自己的生活费来源，担心同学和老师以异样的眼光看待自己，对前途和未来充满了迷茫。

辅导员在小胡作弊被监考老师发现时，就赶到了考务会办公室，看到了后悔哭泣的小胡，先对小胡作弊的行为进行批评，询问了考试作弊的原因，接着安慰小胡，让她不要担心生活费来源，可以通过学校的勤工俭学、申请临时困难补助等方式缓解经济压力，但是依旧告诫小胡以后不要再违反校纪校规，并且结合学校的学生手册中处分撤销相关内容，希望小胡积极改正，努力学习，争取按期解除处分，尽量减少对未来发展的负面影响。辅导员与小胡的父母也取得了联系，了解家庭情况，告知小胡在校期间学习、生活、工作等各方面的优秀表现和学校的处分决定，说服小胡的父母继续让小胡读书，并且给予她一定经济上的支持。在处分正式下达后，辅导员主动与小胡约谈，对小胡进行开导，减轻小胡的心理压力，同时引导小胡重新建立自信心，正确看待学习成绩，发现自己的优点和长处，重新做好自己的学业规划和未来发展方向。

二、案例分析

1. 受家庭影响，读书受到阻挠

小胡的原家庭重男轻女，她的父母在她很小的时候就选择了离婚，小胡跟着母亲生活。随后亲生父母各自组建新家庭，重组家庭也不希望小胡读书，但是小胡渴望读书，态度坚决，在高中班主任老师的帮助下，小胡终于如愿上了大学，但是需要靠自己寒暑假兼职和助学金、奖学金等来支付大学期间的生活费。因此小胡的心理压力比较大，渴望取得优异的成绩，顺利完成学业，毕业后能够找个好工作，养活自己。

2. 功利心较强，考试压力大

受家庭的影响，为了完成学业，小胡必须要自己负担生活费，因此小胡做的很多选择都是出于综合测评分更高这一目的，包括担任班级的学习委员。受家庭因素的影响，小胡的考试压力和心理压力越来越大，小胡对成绩非常重视，因此带着侥幸心理，在期末考试中作弊。被监考老师发现受到了处分。小胡的作弊被发现给她带来了一些影响，但是处分不是目的，是为了教育小胡改过自新。

3. 学习存在困难

小胡有一门专业课学不懂，专业课内容广而深，哪怕小胡在课后认真复习所学内容，很多知识点依旧理解得不透彻。在询问了同学们之后，依旧没有得到帮助。怀着对好成绩的迫切需要，掌握知识不扎实的心虚和一点点的侥幸心理，小胡在本次考试中选择了作弊。

4. 未能平衡好学习和实践活动

小胡在大二期间，专业课学习非常困难的时候，为了得到更多的综合测评分，依旧选择了参与很多活动和比赛，没有平衡好专业学习和实践活动的时间安排，分不清主次。

三、教育方法

1. 主动约谈，批评教育

辅导员了解了小胡作弊的原因，对其进行批评教育，向学生传递了正确的价值观，让小胡认识到自己的错误，希望小胡能够改正。教导小胡不要将考试成绩作为唯一的目的，并且让小胡认识到通过作弊获得奖学金这种想法是错误的，引导小胡树立正确的学习观，教导其要通过自己的努力获得奖学金和助学金，不能投机取巧，要严格遵守校纪校规。

2. 适当安抚，逐步引导

认真倾听小胡对自己作弊行为的个人反思和检讨，主动对小胡进行开导。作弊违反校纪校规肯定是要受到处分的，但是在今后的学习中，遵守纪律，努力学习，是可以如期撤销处分的，老师会引导小胡改过自新，希望小胡能够重新树立学习目标和个人理想，建立自信。

3. 解决思想问题与实际问题相结合

对小胡进行思想上的教育引导和心理辅导之后，还需要有针对性地帮助小胡解决实际问题。小胡同学最担心的生活费的问题，可以通过在校期间的助学金、勤工俭学和适当兼职获取，不可本末倒置，因为挣钱而荒废了学业。为小胡讲解学校的学生手册中处分撤销相关条例，希望小胡改过自新，真正认识到自己的错误，争取按期解除处分，尽量减少对小胡未来发展的负面影响。主动与专业课的科任老师取得联系，了解学生学习的情况，也反馈学生的一些困难，共同调整学生的学习计划，帮助小胡和班级同学更好地掌握专业知识。

4. 联系家长，家校合力

与小胡的父母取得联系，首先告知小胡各方面的优良表现，再委婉告知小胡的行为以及处分结果，引起家长重视，希望家长不要过分苛责小胡，从家庭教育方面给予其关心与支持，形成家校合力。同时引导小胡父母认识到读书的重要性以及小胡对读书的渴望，希望家长也能支持小胡读书并给予其一定的经济支持。

四、教育效果

经过老师的安抚和引导认识过后，小胡认识到了自己的错误，感谢老师的关怀与包容，重新建立自信，重新树立了人生目标和方向，决定通过自己的努力提高成绩，用自己的真才实学获得奖学金。小胡在之后的学习生活中积极为同学们服务，重新融入集体，遇到不懂的问题主动与老师进行交流，积极参加各类学科竞赛，发现自身的优点和长处，树立正确的人生观和价值观。在10个月之后，小胡按期解除了记过的处分。经过这次事情，小胡更加意识到了当时思想上的错误，如果不是被监考老师发现，可能她以后还会抱着侥幸心理再次作弊，从而养成不劳而获的心理。这种不诚信的种子在思想里发芽，肯定会对她未来造成更大的影响。通过这种不当的手段获得奖学金，对其他同学也不公平。现在小胡已经能够坦然面对过去的错误，并且引以为戒，在之后的人生道路上，能够坦坦荡荡。

五、教育案例反思

1. 了解学生家庭情况，关注特殊群体

在今后的工作中，辅导员要关注重点群体，比如单亲家庭学生、重组家庭学生、家庭经济困难学生等。对于这些重点关注学生要一对一建立重点关注学生档案，每周主动与重点关注学生进行谈心谈话，了解学生近期的学习情况、生活情况以及心理状态，多对学生进行教育引导，有针对性地帮助学生解决实际问题，及时给予心灵上的抚慰和行动上的切实建议。积极鼓励重点关注学生主动与班级同学进行沟通交流，找到志同道合的朋友。同时积极引导学生参加校园活动和社会活动，在学生取得成绩的时候，及时给予鼓励和支持，帮助重点关注学生发现自身的优点，增强自信心。对每个学生都要有爱心和耐心，平等对待每一个学生，尊重和理解学生。如果有学生犯错误，同样要给予尊重和爱护，让学生感受到老师的关心和包容，帮助学生改正错误。

2. 多与任课老师沟通，及时了解学生的学习情况

辅导员要多进课堂，了解学生的学习情况和学习进度，多与任课老师沟通，做学生和任课老师之间沟通的桥梁。共同分析学生的学习情况，制定和完善学生的学习计划，帮助学生真正学到知识，提高学习成绩。辅导员要高度重视和加强与任课老师的沟通，掌握必要的沟通技巧，通过任课老师了解学生思想、学习和生活状态。同时学会倾听，学会控制情绪，保持平和的心态，积极化解学生与任课老师之间的矛盾，协调学生与任课老师的师生关系，共同促进大学生全面健康发展。组织任课老师、班干部、学生党员、优秀学生等建立学习帮扶小组，共同提高班级同学的学习能力与效率，营造良好的学风。

3. 加强诚信教育

诚信教育常抓不懈，要紧抓学风建设，特别是在期末考试周，一定要开展诚信教育工作，帮助学生树立正确的学习观，也提醒学生遵守校纪校规。在日常学生生活中，可以召开诚信教育主题班会，让同学们意识到学生自我评价的多元性，成绩不是评价学生的唯一标准，同时认识到校纪校规的必要性和重要性。分数并不是考试的目的，考试只是为了检测出同学们在学习方面有哪些不足，哪些知识点没有彻底掌握，从而让老师掌握学生的学习情况，更好地制定和调整学习计划和授课方式。在考试中作弊，不仅仅让老师无法发现学生在学习中存在的问题，而且会影响班级的学风，让学生产生不劳而获的心理，影响学生正确价值观、

世界观、人生观的塑造。部分同学在考试中作弊也不是为了得到奖学金，仅仅只是虚荣心和侥幸心理作祟，同学们一定要端正学习态度，克服不良心态。有时候父母对学生的期望过高，让学生产生了心理压力，也会促使学生铤而走险选择作弊。要引导学生正确认识自己，接受真实的自己，找到自己的优点和长处，绽放自己的光彩。

案例六
自由不等于放纵

一、案例简介

小谷同学在初中时玩心较大,差一点没有考上高中,父母非常担心小谷将来考不上大学,所以在高中时期,父母严格管教小谷。母亲辞职在家为小谷提供生活上的支持,并且每天为小谷送午餐和晚餐。小谷的父母一直给小谷传输"辛苦高中三年,考上大学就轻松了"这种思想,希望能够鼓励孩子努力读书。小谷父母认为考上大学就是有出息了,以后就轻松了,用高中三年的辛苦换来一辈子的轻松很值得。在父母的严厉监督下,成绩属于中下游的小谷,在高考的时候超常发挥,考上了一所高职院校,父母非常高兴。

小谷在暑假期间沉迷一款游戏,整日玩游戏,父母看到了小谷沉迷游戏,让小谷暑假去做兼职锻炼一下自己,但是小谷不去,反驳父母:"不是你们说的考上大学就轻松了?我现在是暑假玩玩游戏没什么,到了大学还是要继续学习的,您二老放心!"就这样,整个暑假小谷都沉迷游戏,每天除了吃饭睡觉,其余时间都在玩游戏,有时候凌晨还在玩,生活作息严重不规律。

小谷上了大学后,发现大学的课表与高中时从早到晚排得满满的课表不一样。小谷一看课表,有时候一周才七八次课,有时候一天都没课。课少,没有父母的约束,小谷觉得这就是他梦想中的大学生活。课堂上任课老师讲解了期末总成绩是由平时成绩和期末卷面分构成的,小谷一算，期末考试的时候四五十分就够了，小谷就更加放心大胆地玩游戏。小谷的室友还发现了小谷睡觉时间的规律，如果第二天有早课，小谷一般在凌晨两三点睡觉，若是第二天没课，或者下午才有课，那小谷肯定会玩到早上五六点身体实在坚持不住了才去睡觉，然后睡到下午一点多起床去吃饭。小谷每天的作息和暑假在家的时候差不多，每天就多了一件事，就是去上课。小谷由于高中一直受父母管教，因此也知道成绩的重要性，如果考试挂科了，辅导员可能会联系他的父母，一旦父母知道考试挂科可能影响到毕业，很可能母亲会来学校附近租房子监督他学习，他就没有了玩游戏的时间，到时候班级同学知道了，他的处境就更尴尬了。为了期末的总成绩及格，卷面分可以少考一点，平时分多一点，小谷每次课都会按时去上，上课的内容听不懂、不想听，他在课上也不会玩手机，而是盯着老师的课件发呆。到期末了，小谷在考试之前临时抱佛脚，熬夜复习重点内容，背个七七八八，第二天就上考场了。大一学年所有课程全部合格，专业知识也掌握了五六分的水平，小谷自认为掌握了学习和考试过关的好方法，大学前三年都通过这种方法顺利过关。

　　到了大四，一开学就通知开始准备毕业论文的撰写，小谷分配到了一个很好的指导老师。指导老师给每个学生的选题都提供了几个思路，让学生可以自行选择思路，深入挖掘，加入自己的思考。在最开始指导老师组织的集中讨论中，小谷便选好自己的方向，在老师的指导下，小谷对论文的撰写也有了大致的思路，指导老师夸奖了小谷思维灵活，让小谷不用再参加集中讨论了，沿着自己的思路回去好好撰写论文，有不懂的可以联系老师。小谷揣着自己的笔记本开开心心地回了寝室，继续打游戏。小谷认为自己的毕业论文没问题了，大四的课也安排得很少，所以更加放心大胆地沉迷游戏。时间一晃而过，很快就到了论文的截止时间，小谷匆匆忙忙地提交了自己的论文，指导老师看论文很有条理，写得也很好，就和其他同学的论文一起提交给了学院进行初次查重。几天后，查重结果出来，小谷的论文重复率非常高，有明显的抄袭现象。指导老师听说后，及时向小谷了解情况，小谷坦白，前期自己沉迷游戏，没有提前完成相关实验数据的采集，等到了论文提交截止时间前几天，他才发现实验室仪器损坏，需要更换一个零件，但是零件是国外进口的，在截止时间前仪器维修不好，所以就只能在网上抄袭了别人论文里的数据和相关结论。小谷非常后悔没有按照指导老师安排的写作计划按时完成每一部分论文的写作。在抄袭了别人论文后，他这几天都很焦虑，担心被发现。指导老师对小谷进行批评教育后，帮助他联系了其他实验室做实验，尽快完成实验数据的采集，最后小谷顺利完成了毕业论文的写作。为了起到教育警示的作用，学校对小谷同学的抄袭行为进行了通报批评。

二、案例分析

1. 受家庭因素影响，对大学学习有错误的认知

小谷父母认为孩子只要在高中三年努力学习考上大学之后就轻松了，大学毕业就可以找到很好的工作，并且在小谷高中时期一直向小谷灌输这种观念，让小谷对大学的学习产生了错误的认知，以为到了大学学习就非常轻松了，到了大学后很容易因为不够自律，没有学习目标而沉迷享乐。

2. 学习态度不端正

小谷没有意识到学习的重要性，对成绩的要求仅仅是"六十分万岁，多一分浪费"。期末成绩大部分是"临时抱佛脚"，不能真实地反映小谷的学习情况和知识掌握情况。小谷只是为了分数，为了应付父母。小谷没有明确的学习目标，学习态度不端正，对未来没有合理的规划。

3. 沉迷游戏，荒废学业

小谷在高中毕业后的暑假开始放纵自己，整日沉迷网络游戏，到大学后，因为没有父母的严格管束，他放纵地享受自由带来的快乐，沉迷享乐，生活作息不规律，每日都浑浑噩噩，只顾眼前享乐，荒废学业，耽误人生。

4. 毕业论文存在抄袭现象

小谷在前期沉迷游戏，没有提前完成相关实验数据的采集，等到了论文提交截止时间前几天，发现实验室仪器损坏，不能及时获取实验数据，所以怀着侥幸心理抄袭了别人论文里的数据和相关结论。学院初次查重发现小谷的论文重复率非常高，有明显的抄袭现象，对小谷同学的抄袭行为进行了通报批评。

三、教育方法

1. 谈心谈话，批评教育

辅导员与小谷进行谈心谈话，了解小谷毕业论文抄袭的原因，并对小谷的抄袭行为进行严厉的批评，让小谷明白抄袭是不诚信的行为，一旦涉及学位论文作假，后果非常严重，甚至可能影响小谷的学位证的获取。如果这次没有被发现，在以后人生中，面对工作上的事情，侥幸的心理可能会再次出现，导致犯更大的错误。辅导员教育引导小谷认识到诚信的重要性，同时让小谷在指导老师的帮助下尽快完成毕业论文的撰写，不允许抄袭。

2. 加强诚信教育

诚信是做人的准则，诚信是人立身处世的准则。辅导员教育引导小谷在以后诚信做人，诚信做事，并且以此为契机，召开毕业生诚信教育主题班会，让毕业生认识到人无信不立，诚信是人安身立命的根本，在今后的为人处世中一定要坚持诚信。诚信的人更容易取得别人的信任，也更容易取得成功，希望毕业生能给学弟学妹们做榜样。

3. 端正学习态度，树立终身学习理念

小谷即将毕业，但是在大学四年里，学习态度不端正，没有明确的学习目标和学习计划，没有意识到考试的意义和学习的意义，只是为了应付家长，应付老师，是非常被动的学习。辅导员教育引导小谷明确人生目标，树立远大的理想。人生的道路还很长，要端正学习态度，树立终身学习的理念，活到老、学到老。

四、教育效果

在经过辅导员的谈心谈话与指导老师的教导之后，小谷深刻认识到了抄袭行为是错误的，并且认错态度良好，在指导老师的帮助下及时完成了实验数据的采集，最后顺利完成了毕业论文的撰写，在学院的再次查重中，顺利过关。经过这次事件，小谷认识到了诚信的重要性。这次小谷的错误被及时发现，没有对他产生特别不利的影响。小谷引以为戒，也非常感谢老师和学院能够给他一个改过自新的机会，在今后，他一定诚实做人，诚信做事。通过小谷的真实案例，学院向全体同学进行了诚信教育，教育学生一定要坚守诚信，坚决反对考试作弊、替考挣钱、抄袭以及简历造假等行为。学生们养成诚信的品德，积极做出诚信的行为，自觉践行社会主义核心价值观，提高思想道德水平。

五、教育案例反思

1. 加强诚信教育

开展关于考试作弊相关法律法规和《学位论文作假行为处理办法》的学习。通过开展有关诚信的主题班会、演讲比赛、征文比赛等活动，促进学生对诚信的理解，不断强化诚信理念，自觉在学习和生活中做出诚信的行为。建立诚信行为奖惩制度，对于践行有代表性的诚信行为并产生积极影响的同学要予以表扬和奖励，对做出不诚信行为的同学，根据行为的性质和产生的恶劣后果，进行不同程度的惩罚。这样可以在一定程度上遏制大部分不诚信的行为，营造诚信的氛围。

2. 加强学风建设

积极开展爱国主义教育和理想信念教育，通过邀请优秀学生开展学习经验交流会，树立优秀学习榜样等方式，帮助大学生找到适合的学习方法，端正学习态度，树立正确的学习观。开展丰富多彩的校园文化活动和各类竞赛，引导学生积极参加活动和比赛，促进大学生思想道德素质和科学文化素质的协调发展。同时，教师以身作则，用自己敬业的态度和积极向上的精神面貌影响学生，促进良好学风的形成。加强校园人文环境的建设，营造良好的育人氛围。

3. 加强自我教育、自我管理、自我监督、自我服务等方面的教育

大学是开放而包容的，学生在选择学习的内容和学习方式方面有一定的自由，有大量的时间可以自由安排。但是自由不等于放纵，要充分发挥大学生的主观能动性，引导大学生进行自我教育和自我管理。大学生要通过多方面评价正确认识自我，接纳自我，发现自身的闪光点，更好地进行自我教育，发现自身的不足，努力学习理论知识，积极参加社会实践和校园文化活动，全方面提高自身的综合素质，促进自身健康成长。

案例七
思想决定行动，行动决定结果

一、案例简介

又是一年开学季，一大批新生的入学让整个校园增添了生机与活力。在入学的第一周，工商管理三班在辅导员的带领下开展了竞选班委的主题班会，班委竞选人纷纷站起来展示自己，表明自己想要竞选的岗位，表达自己想要当班委的动机以及今后打算如何管理班级、服务同学。在演讲过程中，有的同学略显局促，很紧张；有的同学信心满满，胸有成竹。他们都表达了愿意为班级奉献的决心。班委竞选人展示了自己的风采之后，同学们开始利用学习通上的小程序进行匿名投票，根据投票结果，辅导员宣布了班级的班委名单：班长小吴、团支书小陈……同学们纷纷表示今后会积极配合班委工作，希望在班委的带领下，工商管理三班能成为团结友爱，积极奋进的大家庭！

班长小吴是一个高高大大的男生，团支书小陈是一个活泼开朗的女生，很喜欢笑。在班级事务方面，班长小吴每次都能按时完成辅导员交办的任务，有不足的地方在辅导员提出后，也能及时改正。团支书小陈非常负责，刚开学她就接到了任务：负责新生在智慧团建系统上的团员关系转接工作。有些同学们还没有购买电脑，小陈就和同学们约定了一个时间在空教室等着，同学们可以使用小陈的电脑登录自己的账号进行团员关系的网上转接，小陈用一下午的时间就将这项工作圆满完成，同时在等待同学的空闲时间，将第二天的学习内容预习了。在开学第一周，辅导员对班长小吴和团支书小陈都非常满意，班长小吴虽然做事不懂变通，但是愿意做、愿意学，团支书小陈是一个勤奋好学、思维活跃的学生。

开学的新鲜感过去后，同学们开始习惯大学的学习方式和生活方式。团支书小陈依旧保持着高中时期的刻苦努力作风，在前一天晚上就制订好了第二天的学习计划，生活作息规律，早上没课的情况下，也会在七点半起床，去食堂吃早餐，然后提着带给室友的早餐回到寝室，打开自己的小台灯开始学习。晚上吃了晚饭休息一小时之后，团支书小陈会在操场慢跑半小时，再做点简单的拉伸运动。回到寝室，继续复习当天的学习内容并制订第二天的学习计划。最开始团支书小陈的室友觉得能睁眼后在床上吃到热乎乎的早餐非常快乐，然后边吃边看着正在桌前学习的团支书小陈，开始反思自己是不是太懒惰了。既有点喜欢大学大部分时间可以自己安排，又敬佩团支书小陈的自律。团支书小陈积极向上的精神，促使着室友不由自主地跟上她的步伐，一起学习一起运动。其他几个女生寝室也发现了团支书小陈寝室的动向，渐渐地，整个班级的女生都开始变得自律，更加主动地学习。

而男生这边则截然相反。班长小吴虽然对待工作很认真，但是完全不喜欢学习。高中毕业的暑假就让父母花钱买了一台游戏电脑，开学到寝室后就将电脑组装好，课余时间都在寝室打游戏。一下课，班长小吴和室友就端端正正地坐在电脑面前准备组队玩游戏，其他寝室听到声音，也纷纷过来围观他们打游戏。有些胆子比较大，抱有侥幸心理的男生，直接不去上课在寝室里面睡懒觉或者打游戏。有时候团支书小陈组织团日活动，发现班上竟然只有两三个男生到场，打电话询问才知道，班长小吴和其他男生都在寝室打游戏。有的是沉迷游戏没有看到消息，而有的男生则是看着班长都在寝室打游戏没有去参加团日活动，也就不去参加了。团支书小陈每周也在统计青年大学习的完成情况，发现班上大部分男生都没有完成，导致班级的青年大学习完成率很低。

在第二学期开学，团支书小陈向辅导员反映了班长小吴以及班上大部分男生沉迷游戏，甚至旷课的情况，辅导员主动约谈班长小吴，对小吴进行批评教育，让小吴认识到学习的重要性和沉迷游戏对学业的影响。辅导员还拿出上学期全班的成绩给小吴看，并指出班上前二十名全是女生，成绩排名倒数的全是男生，让小吴看到班级男生与女生成绩的差距，让他反思产生如此大差距的原因是什么，并让小吴作保证，端正学习态度，在本学期刻苦学习并带动班级的同学一起学习，营造良好的学风。本学期小吴的成绩必须取得明显的进步，并且要看到班级成绩的整体提升，不然小吴主动辞职，不再担任班长一职。辅导员还对旷课的学生进行处分，进行警示教育。

二、案例分析

1. 沉迷游戏，荒废学业

班长小吴学习态度不端正，没有意识到学习的重要性，对成绩的要求仅仅是及格就行。他在结束高考备考的高压状态之后，产生了放纵心理，觉得终于熬到头了，为了弥补这几年的艰辛。他毫无节制地玩游戏，最终沉迷网络游戏，大部分课余时间用来和寝室成员组队玩游戏。第一学期结束后，小吴各科的成绩都不好。

2. 学生干部没有起到好的带头作用

小吴作为班长，在学习方面没有起到带头作用，在课后不巩固学习内容，而是选择回到寝室和室友组队玩网络游戏，将寝室这个用来学习和生活的地方变成了"网吧"。在班长小吴的影响下，更多的同学开始沉迷游戏，无心学习。作为班长，小吴为了在寝室玩游戏，不参加团支书小陈组织的团日活动，不配合团支书工作，这是小吴作为班长的失职。

3. 班级学风不好

受到班长小吴的影响，班级学风不浓，大部分男生沉迷网络游戏，不积极参加班级活动和各种比赛，不思进取，甚至存在旷课现象。

三、教育方法

1. 谈心谈话，批评教育

辅导员主动与班长小吴约谈，对小吴上学期的表现进行批评教育，引导小吴树立正确的学习观，加强对自身的控制，不再沉迷网络游戏；教育他课余时间要好好利用，做有意义的事情，可以学习、运动、参加校园文化活动或者比赛，全面提高自身的综合素质；还要正确认识班长的职责，积极配合其他班委工作，共同管理班级，服务同学。

2. 发挥学生干部的引领示范作用

小吴向辅导员保证，在新的一学期会端正学习态度，明确学习目标，努力学习，提高成绩排名，同时带动班级同学一起学习，共同进步。在班级成立学习互助小组，让同学们互相学习，互相帮助，互相促进，共同提高学习成绩。作为班长积极主动配合其他班委的工作，参加并带动班级同学积极参加校园文化活动、社会实践活动以及各类竞赛。召开班委会议，再次明确各个班委的职责范围，希望各班委加强配合，共同管理班级。鼓励学生干部、团员、入党积极分子刻苦学习，树立榜样，发挥模范带头作用。

3. 引导形成良好班风、学风

对旷课的学生进行处分，达到警示教育的目的，教育学生遵守学校规章制度和课堂纪律，不得旷课，不得迟到早退，学习委员在课前要做好考勤工作，教育学生上课认真听讲，课后做好复习工作和学习安排，对学习或者其他方面取得进步的同学及时进行鼓励和表扬，树立典型，促进良好班风、学风的形成。

四、教育效果

经过与辅导员的谈心谈话之后，小吴认识到了自己作为班长的失职，向辅导员保证在今后一定严格要求自己，不再沉迷网络游戏，养成良好的生活作息，端正学习态度，刻苦努力学习，并带领班级同学一起学习，激发班级同学的学习兴趣，帮助掌握正确的学习方法，养成良好的学习习惯，共同进步。各学生干部、团员、入党积极分子纷纷下定决心刻苦学习，发挥模范带头作用，并带动班级同学积极参加校园文化活动、社会实践活动以及各类竞赛，营造浓厚的学习氛围，促进良好学风的形成，不断提高班级战斗力和凝聚力，增强班级集体意识和集体荣誉感。

五、教育案例反思

1. 提高大学生学风意识

良好学风的形成，有利于班级成员的完善发展，有利于班级战斗力的提高，有利于班级凝聚力的增强。要重视班级的学风建设，提高大学生学风意识，帮助大学生树立远大理想和抱负，端正学习态度，树立正确的学习价值观，遵守校纪校规和课堂纪律，激发学生的学习动机和学习兴趣，使学生主动进行自我学习、自我完善、自我提高；教育引导大学生尊师重道，互帮互助，共同探讨，拓宽视野，不能闭门造车，养成良好的学习习惯，树立终身学习理念，不断加强学习、更新知识、提高个人能力，做一个对社会、对国家有贡献的当代大学生。

2. 提高学生思想政治素养

坚持党对教育事业的领导，将立德树人作为教育的中心环节，不断提高大学生的思想政治素养，引导大学生树立正确的世界观、人生观和价值观，坚定理想信念，培育爱国主义情怀，积极践行社会主义核心价值观，努力将学生培养成合格的社会主义建设者和接班人。

3. 加强学生干部队伍建设

制定和完善学生干部选拔、管理和考核机制，加强学生干部队伍建设，加强自我监督和群众监督，建设一支思想政治素养高，学习成绩优异，工作能力强、群众基础好的高素质学生干部队伍，充分发挥学生干部的先锋模范带头作用。

4. 加强师德师风建设

作为辅导员，要学为人师，行为世范，严格要求自己，带头遵守学校的规章制度，不断提高思想政治素养和教育教学水平，树立终身学习理念，不断拓宽视野，更新知识，提高业务能力，成为学生学习的榜样。

小　结

加强大学生学风建设，是高校思想政治教育工作的重点之一，它对于促进大学生德智体美劳全面发展，深化改革高等学校教育教学模式，全面推进加强学生综合素质的教育，推进教育事业科学发展，实现高校立德树人的根本任务有着重要意义。

高校在开展学生学风建设时，要抓好平时常态化的教育引导，多部门协同育人。从学工系统角度来说，应以宣传教育为重点，以校园活动为载体，引导学生学习的主动性和积极性，使其明确学习目的，端正学习态度，掌握学习方法，提高学习的创新能力和实践能力，进一步增强学生的就业竞争力，促进学生素质的全面提升。通过开展各方面的学风建设活动，在全校形成了积极向上的浓厚学习氛围。从教务系统角度来说，应加大师德师风建设，加强教师队伍建设。教师良好的教学态度、严谨的科研精神都会影响学生的学风，有着言传身教，榜样示范的力量。完善学习成绩考核评价机制，防止投机取巧，突击应付通过考试的情况。严肃考风考纪，对于违纪行为严肃处理，充分用好学籍警示和学籍处理，保证学校良好的学习氛围。

本篇章案例中涉及一些与考试作弊、论文造假等相关的国家法律法规，现列举部分条款如下：

一、《普通高等学校学生管理规定》

第十八条 学校应当健全学生学业成绩和学籍档案管理制度，真实、完整地记载、出具学生学业成绩，对通过补考、重修获得的成绩，应当予以标注。

学生严重违反考核纪律或者作弊的，该课程考核成绩记为无效，并应视其违纪或者作弊情节，给予相应的纪律处分。给予警告、严重警告、记过及留校察看处分的，经教育表现较好，可以对该课程给予补考或者重修机会。

学生因退学等情况中止学业，其在校学习期间所修课程及已获得学分，应当予以记录。学生重新参加入学考试、符合录取条件，再次入学的，其已获得学分，经录取学校认定，可以予以承认。具体办法由学校规定。

第五十二条 学生有下列情形之一，学校可以给予开除学籍处分：

（一）违反宪法，反对四项基本原则、破坏安定团结、扰乱社会秩序的；

（二）触犯国家法律，构成刑事犯罪的；

（三）受到治安管理处罚，情节严重、性质恶劣的；

（四）代替他人或者让他人代替自己参加考试、组织作弊、使用通讯设备或其他器材作弊、向他人出售考试试题或答案牟取利益，以及其他严重作弊或扰乱考试秩序行为的；

（五）学位论文、公开发表的研究成果存在抄袭、篡改、伪造等学术不端行为，情节严重的，或者代写论文、买卖论文的；

（六）违反本规定和学校规定，严重影响学校教育教学秩序、生活秩序以及公共场所管理秩序的；

（七）侵害其他个人、组织合法权益，造成严重后果的；

（八）屡次违反学校规定受到纪律处分，经教育不改的。

二、《学位论文作假行为处理办法》(教务部令第 34 号)

第七条 学位申请人员的学位论文出现购买、由他人代写、剽窃或者伪造数据等作假情形的,学位授予单位可以取消其学位申请资格;已经获得学位的,学位授予单位可以依法撤销其学位,并注销学位证书。取消学位申请资格或者撤销学位的处理决定应当向社会公布。从做出处理决定之日起至少 3 年内,各学位授予单位不得再接受其学位申请。前款规定的学位申请人员为在读学生的,其所在学校或者学位授予单位可以给予开除学籍处分;为在职人员的,学位授予单位除给予纪律处分外,还应当通报其所在单位。

三、《国家教育考试违规处理办法》

第五条 考生不遵守考场纪律,不服从考试工作人员的安排与要求,有下列行为之一的,应当认定为考试违纪:

(一)携带规定以外的物品进入考场或者未放在指定位置的;

(二)未在规定的座位参加考试的;

(三)考试开始信号发出前答题或者考试结束信号发出后继续答题的;

(四)在考试过程中旁窥、交头接耳、互打暗号或者手势的;

(五)在考场或者教育考试机构禁止的范围内,喧哗、吸烟或者实施其他影响考场秩序的行为的;

(六)未经考试工作人员同意在考试过程中擅自离开考场的;

(七)将试卷、答卷(含答题卡、答题纸等,下同)、草稿纸等考试用纸带出考场的;

(八)用规定以外的笔或者纸答题或者在试卷规定以外的地方书写姓名、考号或者以其他方式在答卷上标记信息的;

(九)其他违反考场规则但尚未构成作弊的行为。

第六条 考生违背考试公平、公正原则,在考试过程中有下列行为之一的,应当认定为考试作弊:

(一)携带与考试内容相关的材料或者存储有与考试内容相关资料的电子设备参加考试的;

（二）抄袭或者协助他人抄袭试题答案或者与考试内容相关的资料的；

（三）抢夺、窃取他人试卷、答卷或者胁迫他人为自己抄袭的提供方便的；

（四）携带具有发送或者接收信息功能的设备的；

（五）由他人冒名代替参加考试的；

（六）故意销毁试卷、答卷或者考试材料的；

（七）在答卷上填写与本人身份不符的姓名、考号等信息的；

（八）传、接物品或者交换试卷、答卷、草稿纸的；

（九）其他以不正当手段获得或者试图获得试题答案、考试成绩的行为。

学生干部培养篇

高校学生干部培养教育是党、团和班级建设中的重要内容。学生干部是学校、老师和学生之间的桥梁和纽带,在大学生思想引领、日常教育管理、党团和班级建设、学风建设、行为规范、学科竞赛和文体活动等各方面发挥着至关重要的作用,是老师的得力助手。优秀的学生干部在团队里能起到表率和模范带头作用。加强学生干部的培养不仅有助于这支队伍服务学校、服务师生,还能促进学生干部自身综合素质的提高,实现大学生自我教育、自我管理、自我服务、自我监督的管理模式。本篇章列举了高校学生干部选拔、培养、教育过程中的典型案例,对案例事件进行了还原、给出了解决思路、教育方法和教育效果以及反思,可供参考。

案例八
引导学生干部正确看待"名"和"利"

一、案例简介

小祝在大一入校时各方面表现突出,在班级竞选时,被班级同学投票选为班长,同时还参加了学生会,成为一名学生会干事。在接下来的一段时间中,小祝热心为同学们服务,积极主动帮助老师开展工作,认真组织、参加学校的各项学生活动,很快成了辅导员和团委老师的得力助手,同学们心中的好班长。但是小祝没有合理安排好自己学习和工作,将过多的时间花在了班长工作和学生会的各项活动中,忽略了自己的学习,在大一期末考试出现了一门课程"挂科"。因为这次挂科,小祝与优秀学生干部失之交臂,同时也失去了入党推优和申请奖学金的资格。小祝因此大受打击,曾经那个乐观开朗、积极向上的他开始变得沉默寡言。在大二期间,对学习产生抵触情绪,对班级工作也消极怠工,对学生会活动也失去了以往的热情。辅导员发现其变化以后,多次与他进行沟通交流,在谈话中他说出了自己真实的想法。他说:"我感觉自己的付出没有得到回报,我是因为工作太忙,才导致学习时间不足,最后才会挂科,结果现在既不能入党,也不能申请奖学金,最有把握的优秀学生干部的荣誉称号也没拿到,现在觉得做什么都没意思。"辅导员被他的一番话深深触动。一方面为小祝的这种心理状态感到担忧,这名学生的功利心太强了,这将直接影响到他未来的发展和正确的人生观、世界观、价值观的形成;另一方面,辅导员也为在学生干部的培养中没有做好教育引导工作而内疚，在大学生"三观"形成的关键时期，辅导员没有起到正确的引导作用，让他的思想认知出现了偏差。

二、案例分析

本案例是学生干部没有正确认识到担任学生干部的意义和价值，个别学生干部的功利化的思想，会对学生干部群体产生负面影响，不利于学生干部队伍的建设和学生干部整体素质的提高，也会对整个校园风气带来不良影响。

三、教育方法

针对上述问题，小祝的辅导员采取了以下措施。

1. 通过谈心谈话，引导小祝树立正确的人生观、世界观和价值观，正确看待学生干部的价值和使命

让小祝认识到，担任学生干部是一种锻炼自身综合素质和各方面能力的机会，在为班级服务的同时，自己的人际交往能力、语言表达能力、组织协调能力、应变能力等各项素质将得到综合提升。

2. 联系任课老师和班级学习成绩优异的同学，一起帮助小祝补习功课

引导其合理安排课余时间，正确处理好学习和工作的关系，帮助其掌握科学的学习方法，提高学习效率，并让该生认识到学习的重要性，不能因为工作而忽略了学习，学习才是一名学生的首要任务。

四、教育效果

通过老师和同学们一学期的帮助，小祝终于从消极和颓废的状态中走了出来，重拾了对学生工作的热情。同时也认识到了学习的重要性，通过自己的努力，学习成绩逐渐提高，赢得了老师和同学们的一致好评。

在第二学期初，他获得了推优入党的资格，在下一学年的评优评先中也获评优秀学生干部，达到了学习和工作的双赢。

五、教育案例反思

培养一支高素质的学生干部队伍，在大学生的思想政治教育和高校学生日常事务管理工作中，起着至关重要的作用。如何避免高校部分学生干部出现功利心态，需要思想政治教育工作者和学生干部自身两方面的共同努力。高校思想政治教育工作者务必高度重视学生干部的教育、培养和考核，才能及时发现并有效解决学生干部队伍中出现的问题，引导学生干部健康成长成才。本案例给予我们的工作启示有以下几点。

1. 加强对学生干部的培养教育

学生干部是老师和同学间的桥梁，起着上传下达的作用，也是思政教育工作者的得力助手。辅导员在让学生干部辅助自己工作的同时，不能忘记了对学生干部进行正确的教育和培养。

2. 加强对学生干部人生观、世界观、价值观的引导教育，强化其服务意识和奉献精神

思政工作者应培养学生干部的使命感和责任感，帮助学生干部认识到学习和工作对自身成长同等重要，做到服务同学和自身发展相结合。

3. 合理利用好评优评先，加强考核，健全学生干部的激励制度

在对学生干部进行评优评先时，要综合考虑思想素质、个人修养等，不能单凭个人能力和工作成绩就做出评断，且要保证考核评选过程的公开、公正、公平。

案例九
一名学生干部的"完美蜕变"

一、案例简介

小杜从大一入校开始就积极参加各种学生活动,热心服务同学、不怕苦、不怕累。由于对学生工作充满了激情,所以特别热衷于竞选学生干部。但是在多次竞选活动中,无论是竞选班长、团支书等班级干部,还是竞选社团的干事,均因为自身的各方面原因,例如过度紧张、表达不清、经验缺乏等以失败告终。辅导员看见小杜对学生工作的热情和屡败屡战的不服输精神,决定帮他创造条件和机会,对其进行培训和锻炼。通过分析,辅导员发现小杜由于在中小学时期未担任过学生干部,也没参加过学校组织的一些大型活动,没有任何在公众场合展示自己的锻炼机会,所以一上台就满脸通红,每次竞选发言时结结巴巴,低着头不敢正视在座的老师和同学,最后每次竞选的得票率都偏低,与竞选的岗位失之交臂。针对小杜的具体情况,辅导员为其安排了辅导员助理的工作,在平常的工作中给予其鼓励和指导。关注小杜的思想动态,经常与小杜就学习、工作各方面进行讨论分析,加强思想引领。同时推荐其参加"青马工程"的培训学习,参加学院优秀学生干部的经验交流会,鼓励其主动协助学生会主席开展活动。在老师和优秀的学生干部的帮助下,小杜在语言表达和沟通能力、组织协调能力等方面有了很大的提高,在大三学年专业分流后,终于成功竞选上了班长一职,在大四学年获得了校级优秀学生干部和优秀共青团干部的称号。他所在班级也成功获得先进班集体称号。这一切的荣誉都离不开小杜的不懈努力。他不仅在学生工作方面取得了一定的成就，也不忘加强自己的专业知识学习，小杜连续两年都获得了优秀学生奖学金。最后在大四毕业时获得了市级优秀毕业生称号。经过老师的培养、优秀学生干部的帮助和自身的努力，小杜由一名每次竞选都失败的普通学生，成长为了一名学习成绩优异、综合素质较强的优秀学生干部。

二、案例分析

小杜由于紧张，每次竞选演讲的现场表现都不好，频频遭遇失败的打击，但是小杜并不气馁，屡败屡战，仍然随时展现出朝气蓬勃的精神面貌。他这种积极向上的精神，深深触动了辅导员，辅导员决定给他创造锻炼的机会，就安排其为辅导员助理。通过老师的培养、其他优秀学生干部的帮助，加上小杜自己的努力，大学四年时间，小杜由稚嫩的大学新生慢慢成了成熟的市级优秀毕业生。

三、教育方法

1. 有组织、有计划地进行培训，加强思想引领工作

规范的培训，是增强学生干部的思想政治素质，提高其组织协调和管理能力的重要途径。大学生思维活跃，易于接受新鲜事物，但思考问题不够全面，比较感性、缺乏理性。做好学生干部的思想政治教育工作，帮助学生干部树立正确的世界观、人生观、价值观，让他们起到正面的模范带头作用，对于整个班级乃至专业的全体学生的价值引领和学风建设有非常大的促进作用。

2. 多关心、多鼓励，强化学习意识，做好人文关怀

思想政治教育工作者要坚持"以生为本"，因此，要加强对学生的人文关怀，切实帮助学生成长，为学生创造机会，实现学生的全面发展。为了使小杜能真正成为全面发展的学生干部，平时辅导员老师对他的学

习、工作、生活各方面给予更多的关心和帮助。在工作方面，他有什么好的想法都可以随时和老师沟通交流，这帮助小杜建立了自信心。鼓励他多与学习和工作兼顾得很好的优秀学生干部交流经验，使之做到工作学习两不误。

3. 培养学生干部的服务意识和奉献精神

作为学生干部应该有一种无私奉献的精神和愿意为广大同学服务的心。小杜在这方面做得很好，虽然竞选干部时屡屡失败，但均不影响其在班级为同学服务的热情。当上辅导员助理以后，他接触的同学更多，帮助的同学也更多了。同学们给予了小杜极高的评价。

四、教育案例反思

一名优秀的学生干部在其他学生面前就是一个榜样、一面旗帜，在道德行为上有表率作用，在加强学风建设、让学生遵守校纪校规方面有模范带头作用，在协助老师进行管理时有核心作用。在培养优秀学生干部的过程中，应做到科学地选拔与培养，建立全面有效的学生干部监督、考核、评价制度。

1. 在选拔学生干部时，学生的思想品质最重要

要善于发现思想积极向上的，真正有服务意识的学生。"想干"是首要条件，"能干"和"会干"都是可以经过后天培养慢慢成长的。

2. 在培养优秀学生干部的过程中，要真正关注学生干部的成长

在实际工作中，要教导其一些工作方法和工作技巧，安排学生干部参加系统规范的培训，提高学生干部的行动能力和学习能力，增强学生干部队伍的凝聚力。

3. 建立全面有效的学生干部监督、考核、评价制度

通过健全的考核办法，可帮助学生干部进一步提高业务水平，学会发现问题后接收意见、自我剖析、自我完善，也有利于学生干部戒骄戒躁，提升整体学生干部队伍的素质。

案例十
坚强的刺猬

一、案例简介

小英同学,从小生活在一个吵闹的家庭中。后来,父母在她初中时选择了离婚,小英跟着母亲生活,父亲重新组建了家庭。之后,母亲便是小家庭唯一的支柱,母亲的收入也成了家里唯一的生活来源。小英母亲供养小英读书。这样的生活环境激发了小英的孝心和进取心,小英将母亲的辛苦看在眼里,记在心里,暗暗发誓努力学习,长大后为母亲分担压力,一定要让母亲过上好日子。小英学习勤奋刻苦,终于考上了大学。

进入大学之后,为了更好地锻炼自己,小英在大一时就竞选了班长,她的发言慷慨激昂,顺利成为班级的班长。小英做事积极,能力强,能够很好地完成辅导员安排的各种工作,班上同学也非常认同这位负责的班长。但是时间长了之后,同学们觉得这位班长做事过于雷厉风行,有时候不急着交的数据也要在当天汇总完毕,甚至在晚上十二点发现有个别同学没有完成上报,就直接打电话去催促,同学乃至一整个寝室都会被吵醒。班上同学觉得班长不考虑其他同学的感受,只顾自己能够提前完成任务,在老师面前邀功。小英由于在单亲家庭长大,为了让母亲少些负担,所以很多事情都是自己做决定,遇到事情能自己解决就不麻烦他人。因此,在管理班级的时候,很多事情都是小英自己决定的,有些情况下她考虑不周到。其他班委在完成职责内的任务时,小英如果觉得不妥当,就直接在班群里面提出意见,以致很多班委对小英意见也很大,觉得班长在同学们面前反驳了自己，有点下不来台。部分班委向辅导员反应班长的情况，并表达了对小英的不满。

在辅导员心中，小英工作非常负责，交办的任务每次都是高效率地完成，没想到班上的同学会对小英有这些不满。对于班委和同学们的反映，辅导员打算好好和小英聊一聊，同时也让反映问题的班委多体谅班长的不容易。大家都是为班级做贡献，班长平时负责的班级事务比较多，压力比较大，所以有时候也有照顾不到的地方。班长做的不对的地方，辅导员后面会和班长聊聊。这段时间刚好是评优评先时期，在学习方面，小英刻苦努力，上课认真听讲，仔细做笔记，但是可能因为大学和高中的授课方式不同，小英的成绩一直处于中游。因为成绩的原因，小英评不上三好学生。平时小英专注于学习和班级事务，很少参加各种活动和比赛，因此先进个人也评不上。而在评选班级优秀学生干部的时候，班级的民主评议小组一致投票给了学习委员，在这次评优评先中，小英没有拿到任何奖项。在班级公示的时候，她非常失落，觉得付出了很多却没有收获。

小英在被辅导员喊去办公室的时候，已经有了心理准备，她主动给辅导员说，最近感觉和班级同学的关系不像以前那么和谐，而且有些同学不太愿意和她讲话。开班会的时候，同学们的反应也很平淡，她想知道自己是哪里做的不对。辅导员老师首先表达了对小英工作的肯定，然后给小英说了一些班上同学的要求。表示如果提前完成交办的任务，老师是非常高兴的，但是同时也要注意到班级同学的感受，做事讲究方式方法。夜晚同学们睡着了，如果不是特别紧急的事情，可以第二天再沟通，毕竟大家第二天都要上课，要保证精力充沛。要学会换位思考，对于其他班委安排的工作，如果有建议，可以私下和班委沟通，下次才能更好地为班级服务。班委是一个团队，大家要互帮互助，相信团队的力量。对于学习，要找到好的学习方法才能事半功倍，向班级的优秀同学请教，找到适合自己的学习方法，做好学习规划。对工作和学习要合理安排，做事情分清轻重缓急，课余也要多参加各种活动和比赛，这样才能更好地促进自己成长，展现自己的风采。小英回去后，思考了一整晚，后来渐渐地改变了工作方式，学会了与班委沟通协作，处理事情更加周到，与同学们相处得更加融洽，互帮互助，在努力学习的同时积极参加活动和比赛，获得了很多奖项。在第二年，小英如愿获得了优秀学生干部的荣誉，这是对她工作的肯定，也是小英成长的见证。

二、案例分析

1. 对自身要求过高，完美主义

小英从初中之后，便是由母亲抚养长大，母女二人相依为命。小英在这种环境下，养成了独立的性格，她看到母亲的辛苦付出，常怀感恩之心，有孝心，所以任何事情都想做到最好，力求完美，希望有一天能够成为母亲的依靠。

2. 过于独立，不懂团队合作

受家庭环境的影响，小英从小比较独立，很多情况下是自己独立面对问题，不想给其他人添麻烦，自己想办法解决问题。因此缺乏与他人合作解决问题的经验，不懂得团队合作，喜欢单打独斗，就像一只坚强的刺猬。在班级中，班级事务的管理需要所有班委共同协作，发挥每个人的特长，增强凝聚力，才能共同建设好班集体。

3. 不善于与人交往

小英说话和做事都非常直接，有时候会让其他同学感到难堪或伤害到其他人，时间长了，小英就可能变成班级中的一座孤岛。

4. 不懂得换位思考

小英在学习、生活和工作中，比较以自我为中心，不懂得换位思考，不考虑他人的感受，只想快速达到自己的目标，完成任务，让同学们有了一些不满，小英自身也没有及时意识到问题所在。

5. 没有找到适合的学习方法，不积极参加活动

小英在大一的时候，还是使用高中时期的学习方法，觉得大学上课老师讲课快、内容多，没有适应大学的学习节奏并及时调整学习方法。

忙于班级的工作和自身的学习，忽视了活动和比赛对自身成长的促进作用。

三、教育方法

1. 多与小英进行沟通交流

在平时的工作中，辅导员可以了解到小英的工作能力和处事态度，也要多与小英进行生活上的沟通交流，了解小英成长背景、性格以及人生目标。多关心小英的生活情况，建立感情基础。

2. 引导小英学会换位思考，懂得团队合作

小英对工作是非常认真负责的，之所以会有那么多班级同学有意见，就在于小英在工作和生活中，不懂得换位思考，没有设身处地为他人着想。因此辅导员在平时就要引导小英学会换位思考，说话做事之前多想一想这样是否能够被他人接受。在与人接触时，注意观察对方的反应，了解对方实时的感受，及时作出调整。加强与班委的沟通，遇到事情多讨论，制定共同的目标和管理方式，互帮互助。

3. 帮助小英找到适合的学习方法

首先让小英先找到目前学习方法的不足，然后给小英介绍一些高效学习方法，比如：费曼学习法、思维导图学习法、刻意练习法、学习区与执行区交替法等学习方法，帮助小英根据自身情况找到适合的学习方法，定下学习目标，持之以恒。

4. 引导小英积极参加活动和比赛

辅导员及时关注各种活动和比赛的消息，发布到班级群，引导同学们积极参与。遇到适合小英参加的活动和比赛，在不影响学习的情况下，督促小英积极参加，并及时提供相关的帮助，让小英在比赛中成长。

四、教育效果

在收到班委的反映与小英进行沟通交流之后，辅导员发现小英主要是对自身要求过高，过于独立，不懂换位思考和团队合作。在对小英进

行教育引导之后，小英在之后的学习生活中，更加注重与同学们之间的相处，说话做事之前都先思考这种处事方式是不是能够被其他人接受。小英召开了班委会议，感谢班委对自己的包容和忍耐，在今后会改变工作方式。同时小英还与班委制定了班级的管理方式，以后班委互帮互助，共同协作，一起为班级做贡献。小英通过不断尝试和磨合，也终于找到了适合自己的学习方法，并在班级开班会的时候帮助其他同学寻找适合的学习方法。小英在大二的评优评先中，获得了优秀学生干部的荣誉，收获了老师和同学们的认可，小英更有动力去为班级付出了。

五、教育案例反思

1. 及时了解班级动态

多与同学们开展谈心谈话，通过学生或者班委及时了解班级最新动向，一旦发现某学生有不当行为或班级有不良风气，要及时干预。通过班会和班级活动凝练班级精神，加强同学们的团体意识和凝聚力，让学生遇到事情主动汇报，寻求解决方法。多观察学生的行为举止、课堂表现、班级活动参与情况，从多方面了解学生，掌握学生的思想动态和生活习性，有针对性地帮助学生解决学习、生活中遇到的困难，促进学生身心愉悦，提高其学习适应性，减轻人际压力。

2. 建立师生信任关系

加强与同学们的沟通，除了了解学生的学习情况之外，还要了解学生的家庭情况、性格和人生目标。全面充分地了解学生，在学生遇到困难的时候，才能够有针对性地帮助学生解决困难。同时要建立师生之间的信任关系，这样老师才能走进学生的心灵。同学们倾诉的事情不能告知第二人，师生之间要彼此尊重与信任，进行情感上的交流。

3. 做好学生干部培养

要信任学生干部，及时鼓励学生。学生干部的成长需要时间，可能会有不满意的地方，要及时纠正，但是也要肯定学生的付出，不断树立学生的自信心，加强学生干部的责任感。在共同制定班级管理制度之后，班委们要各司其职，找准自己的定位，共同维护好班级，组织好班级活动。通过活动的组织与开展，培养学生干部的团结协作能力和人际沟通能力。优秀的学生干部一定要公开表扬。要促进学生干部内部的友好竞争，同时树立好学生干部的威信，让学生干部更好地管理班级，更好地为班级服务。对于不称职的学生干部也要及时教育，从正面引导其应该怎么做，屡教不改、态度不端正的学生干部需要及时调整，以免影响班风。老师也要加强与学生干部的沟通，及时了解学生干部的思想动态和合理需求，帮助学生干部疏导压力，找到工作和学习的平衡点。

4. 寻找合适的学习方法

可以通过开展主题班会或优秀榜样经验分享会，帮助同学们找到适合自己的学习方法，让同学们了解学习优秀的同学的学习方法，取长补短。给同学们介绍一些高效学习方法，比如费曼学习法、思维导图学习法、刻意练习法、学习区与执行区交替法等学习方法，帮助同学们根据自身情况找到合适的学习方法。同学们要有目的地去学习，带着问题学习，上课之前先预习，了解即将学习的内容和学习目标；在学习的过程中也要保持思考，了解问题的来源，找到解决问题的方法；在课后也要及时复习，对学习的内容进行归纳和整理，形成自己的学习框架，便于记忆保存和提取；通过实践或做题及时巩固学习内容，将学到的知识运用起来，学以致用。

案例十一

加强价值引领，提高责任意识

一、案例简介

小杨同学的父母都是公司职员，小杨是家里的独生子，深受父母和长辈的宠爱，在物质方面没有任何担忧，一般合理的需求父母都能够满足，人生顺遂。在高中时，小杨学习态度端正，虽然比不得其他同学勤奋刻苦，高考成绩普普通通，但是也顺利考上了大学。小杨同学在高考后的暑假期间向已经上大学的表哥取经，了解到当班委好处多，特别是在评优评先方面，于是决定在大学期间"混个学生干部当当"。

小杨同学对大学充满了期望，也希望自己能够一改之前的习惯，在大学努力学习，争取成为其他同学的榜样。在大一竞选班干部的时候，小杨选择了竞选学习委员，由于小杨流利的普通话和鼓舞人心的发言，他成功成了班级的学习委员。他的自信感染了班级同学，大家都相信他能够带领好班级同学。小杨同学开始负责上课的考勤、作业的收发与提醒等职责，慢慢地，小杨发现学生干部这个称呼并不是他想象的那么美好与轻松。小杨会在上课前五分钟进行考勤，点名的时候他发现，总有同学迟到或者没到，小杨会当着全班同学和老师的面或者在班级群里直接告知相关同学，一定注意课堂纪律，下次不要再犯。但是依旧有同学不听劝告，次数多了，还有同学直言让小杨别多管闲事或者不要那么严格。小杨感觉很委屈，他也只是在完成自己的工作。每次上课他还要比所有同学提前到教室，准备好上课用的课件和考勤表，但是同学们好像并不领情。每次科任老师布置好的作业总有同学拖着不交,小杨要一直等待到他自己规定的截止时间凌晨十二点才能收齐,影响小杨自己的学习和生活。他感觉个人时间完全被工作占据,但他不知道与老师进行沟通,共同解决问题,他自己默默忍耐。开学不到一个月,小杨就开始对学习委员的工作得过且过,上课之前也不组织同学们进行考勤了,每当辅导员问起,就给老师说班级同学全部到齐了。有时候小杨自己也不去上课,在寝室睡懒觉,被科任老师发现了一两次。收作业也不像以前那样尽心尽力,按照同学们学号的顺序排列整齐,方便科任老师批改、登录成绩。现在小杨学会了偷懒,作业直接在上课前几分钟收集,同学们交给他之后,小杨就直接拿给科任老师,也不管收集齐全了没有,更别说按照学号排列整理了。这样的情况持续了一段时间,被班级的班长发现了。他开始对小杨进行劝导,希望小杨能够做一位负责的班委,但是小杨没有理会,依旧我行我素。有同学和科任老师开始向辅导员反映小杨的情况,希望他能够端正态度,做好自己的本职工作。

辅导员最近也发现小杨有点不对劲:完成任务没有以前积极,有几次查寝发现有同学在寝室没去上课,但是小杨汇报的是班级全员到齐。事后去问过小杨,小杨说没有注意到,可能是点名后偷偷离开课堂的。因此辅导员将小杨喊到办公室了解情况。小杨向辅导员倾诉,说自己常常被同学们抱怨,每次考勤都那么折腾,觉得自己作为学习委员付出多,回报少,内心苦闷。自己只是想当个学生干部,然后评优评先的时候有优势一些。辅导员肯定了小杨的付出,小杨一开始担任班委的时候非常认真负责,给老师们教学带来了很多便利,老师们也非常相信小杨,他的付出是有价值和意义的。但是小杨在工作出现问题的时候,没有及时与辅导员进行沟通,解决问题,自己也没有能力处理好这个问题,日积月累,小杨自身承受不住压力,对待工作渐渐开始得过且过。辅导员告诉小杨点名和收作业等工作有更好的方法,前一天可以在班群里面发布第二天的课表,在上课前,在班群里面再次提醒一下同学们尽快到教室。考勤可以直接拍照向辅导员反映,不耽误同学和老师的上课时间,也可以选择在学习通里面建立班级群,进行手势签到、拍照签到、位置签到等，提高同学们的兴趣。收作业也可以规定在一个适当的时间，告知同学们务必要在规定的时间段内上交，不耽误自己和同学们的时间。考虑周全，多做双赢的事情。小杨慢慢端正态度，对待工作认真负责，在工作中提高了自己的组织协调能力，学会了与同学们相处，得到了老师和同学们的认可。

二、案例分析

1. 组织能力与人际沟通能力不足

小杨作为学习委员，在履行自己职责的时候，没有提前思考自己行为的影响和后果。做事不懂变通，没有深入思考如何让工作更便利更高效。提醒有些同学有地方做得不对的时候，在全班同学的面前进行劝告，不懂得换位思考，可能伤害到了其他同学的自尊心，也激起了少数同学的逆反心理。其组织能力和人际沟通能力都有待提高。

2. 缺乏与老师的沟通交流

小杨没有向老师反映同学们上课迟到或者缺勤的情况，直接按照自己的方式处理，没有做好同学和老师之间桥梁。老师没有及时了解情况，没有对相关同学进行引导教育，导致小杨的工作越来越难开展，少数同学的不良习惯也没有得到纠正。

3. 缺乏服务意识和担当

小杨竞选学生干部的出发点是认为当学生干部有利于评优评先，没有正确认识到学生干部的职责，缺乏服务意识和责任担当。他是为了自身利益选择当学生干部，因此没有花费太多的时间去思考如何能将工作做得更好，只是按部就班地完成交办的任务，也不主动与科任老师、辅导员进行沟通，没有意识到自己的职责所在。当出现问题的时候，也没有及时反馈。不恰当的工作方式给小杨正常学习生活带来了越来越多的困扰，矛盾渐渐扩大，他对自己的工作失去耐心，直到最后承受不住压力，向辅导员倾诉。

三、教育方法

1. 谈心谈话，积极引导

与小杨同学进行谈心谈话，肯定小杨同学开学来为班级作出的贡献，然后对小杨近期对待工作不负责的态度和逃课等不良行为进行批评教育。作为学习委员逃课，给班级带来了不好的影响，他要主动向任课老师承认错误。同时告知小杨学习委员的职责和义务以及学生干部的重要意义：学生干部不仅仅是一个头衔，也不仅是老师的小助手，更要有一颗为同学们服务的心，要积极奉献自我，配合其他班委共同管理好班级，在工作中锻炼和提升自我。辅导员希望小杨从思想上认识到错误，再从行为上改正，同时加强与老师的沟通。

2. 加强学生队伍建设与管理

辅导员通过谈话或者开展班委满意度调查等方式，了解班级中是否还存在与小杨一样的不负责的班委，如果存在这种情况，要及时对相关同学进行教育引导，让同学们从思想上认识到错误、改正错误。同时加强学生干部的培养，引导学生干部在工作中提高自身的组织能力与人际沟通能力，促进自身成长，同时更好地管理班级。建立学生干部考核制度，定期对学生干部进行考核，对优秀的学生干部进行公开表扬，对在工作方面有不足的学生干部进行培养教育，加强自我监督、群众监督和教师监督。

3. 加强思想引领

通过班委会议、团课、班会等活动对学生特别是学生干部进行思想价值引领，培养学生的奉献意识和团队意识，提高班级凝聚力，强化学生干部的服务意识和担当，促进良好班风形成。

四、教育效果

在经过与辅导员的谈心谈话之后，小杨也认识到了自己近期存在的思想问题和错误行为，主动向辅导员和科任老师承认错误，并决心以后一定端正态度，积极为班级做贡献。小杨在之后的工作中认真负责，开始和老师进行沟通，向老师和学长学姐请教做好学习委员的经验和方法，改变了以前不恰当的工作方式，获得了同学和老师的认可。在高效率完成工作的同时，小杨的成绩也得到了提高，在班级中名列前茅，真正成为同学们的榜样。他还积极组织活动，帮助同学们解决学习上的难题，提高同学们对学习的兴趣，促进良好学风的形成。在遇到其他班委出现不负责的情况时，小杨主动与其沟通交流，引导同学正确认识学生干部职责，在工作中学会总结，不断改正和完善工作方式，提高个人能力。小杨在评优评先中获得了优秀学生干部的荣誉，收获了老师和同学们的认可，团组织推荐优秀团员小杨为入党积极分子。

五、教育案例反思

1. 完善学生干部选拔、管理、考核制度

在选拔班级的学生干部前，要将设置好的岗位及其职责提前告知所有同学，给同学们考虑和准备的时间。组织班会选拔学生干部，所有学生自由竞选，进行竞选演讲，同学们根据竞选同学的发言、以往的任职经历以及精神面貌进行民主投票，票数最高的学生成为代理学生干部，进入一个月的试用考核期，根据同学们的满意度、科任老师以及辅导员的意见共同确定其是否成为正式学生干部，开班会颁发聘用证书，增强学生干部责任心和使命感。全体学生干部制定共同认可的学生干部管理和考核制度，所有学生干部都必须遵守，履行自己的职责，不断提高自身的各方面能力，为班级做贡献。加强班级同学对学生干部的工作反馈，及时发现学生干部中是否存在态度不端正、不作为的现象，有针对性地及时纠正。

2. 加强学生干部队伍建设

学生干部是老师管理班级的助手，是联系同学和老师的桥梁，学生干部的素质直接影响着班级班风的形成，必须加强学生干部队伍建设。召开学生干部会议，让学生干部认识到自己的责任和义务以及学生干部所代表的重要意义。学生干部要清楚知道自身的岗位职责，学会执行和传达老师的任务安排，帮助老师管理好班级。学生干部之间要加强沟通，合理分工，互相帮助。学生干部组织班级共同制定有效的班级管理制度，全体同学认同制度并共同维护，结合同学们的学习、生活以及个人理想，树立班级的集体理想，共同向奋斗目标前进。学生干部帮助实现班级的民主管理，让同学们共同管理班级，调动每个同学的积极性，营造民主管理的氛围，培养和提高同学们的主人翁意识，充分发挥同学们的自主性和能动性，进行自我教育、自我管理、自我监督，提高管理能力。学生干部多开展有益于班级建设的活动，在组织活动的过程中提高组织协调能力和人际沟通能力，拥有让人信服的能力和品质，调动同学们学习、生活的积极性，提高班级的凝聚力。对于班级中个别唱反调的同学，学生干部应积极与老师沟通，在老师的帮助下挖掘该同学的长处，充分鼓励这些同学，让他们成为自己的优秀助手。学生干部要在班级中树立威信，以便于工作的开展。对于优秀的学生干部要及时表扬，同时及时引导教育工作中出错的学生干部，帮助学生干部更好地成长成才。

3. 进行思想政治教育和价值引领

利用班委会、团课等活动对学生干部进行思想政治教育和价值引领，加强学生干部的服务意识和担当精神，让学生意识到，学生干部是老师的助手，是同学们的服务者，是品学兼优的榜样和班级荣誉的维护者。将对学生干部的培养贯穿全过程，围绕学生工作对学生干部开展思想教育，引导学生干部端正态度，及时帮助学生干部解决实际问题，激发学生干部的责任担当精神和使命感，让学生干部在实践中锻炼，在实践中成为栋梁之材。

小　结

高校学生干部是学校开展思想政治教育的骨干力量，是实现人才培养目标的有力保障，是校园安全稳定的重要基础。学生干部必须树立大局意识、责任意识、服务意识、自律意识，同时应具备一定的信息收集处理能力、决策能力、语言表达能力、组织协调能力、社会交往能力、开拓创新能力、团结协作能力等。这些能力并非与生俱来的，需要学校的针对性培养教育。学生干部能力的强弱，直接关系到学生教育管理工作的成效，因此学校应建立科学、严格的学生干部选拔培训机制，对学生干部开展系统培训并进行轮岗锻炼交流，给予他们实践锻炼的机会，并加强教育管理，严格考核机制，促进学生干部的不断提升与自我完善。

奖助学金篇

我国高校对家庭经济困难学生资助内容主要包含：国家助学金、国家助学贷款、励志奖学金、专项奖学金、临时困难补贴、勤工助学。学生资助工作是教育民生工程，是党和国家惠民政策和教育公平性的体现，也是促进社会和谐的有力保障。贫困生的资助管理是高校学生工作的重要组成部分，是体现资助育人的关键所在。目前在实际的贫困生认定、奖助学金评定过程中还有一些棘手的问题需要解决。例如，贫困生认定的具体过程中，难度增多，争议增多；部分大学生缺乏诚信意识；部分被资助学生缺乏感恩之心等。本篇章案例对在资助管理工作过程中所遇到的几类典型问题进行了分析，提供了解决措施和步骤、案例反思和启发，以供参考。

案例十二
助学金评定过程中遇到的举报

一、案例简介

王某,女,某高校大一学生。在学校开展家庭经济困难学生认定时提交了申请,申请中写到其父母双亡,跟随外公生活,目前外公已八十几岁高龄,几乎无经济来源,靠家中亲戚资助,勉强维持基本生活。同时出具了盖有当地民政局印章的家庭经济情况调查表。根据学生的申请表描述和家庭经济情况调查表等材料,该班的评议小组成员一致认定其为家庭经济特别困难学生,在学院公示,全体同学无异议。随后学院继续开展助学金评定工作,该班沿用了困难认定时的班级评议小组,评议小组成员在班级公示时均无异议。根据助学金的申请材料,经过班级评议小组的讨论和评议,最后推荐王某获得一等助学金。但这次助学金的结果公示以后,公示期间辅导员收到了王某同寝室同学的反映,称王某拥有高档电子产品,不符合助学金评定条件。辅导员立即找到王某了解情况,王某称笔记本电脑是自己的表姐在自己考上大学以后,作为奖励送给自己的学习用具,不是自己购买的。王某这样对辅导员说道:"老师,我家庭真的挺困难的,在我还没有记忆的时候,爸爸就失踪了,妈妈在我上幼儿园的时候去世了,我小时候跟着外公外婆生活,没过几年外婆也去世了,只剩下外公,我们祖孙相依为命。以前外公还能种地,现在外公年纪大了,也没有劳动力了,只能靠 3 个姨妈每家接济一点。这次的学费就是姨妈们一起帮忙凑的。我平时生活也很节约,我为了省钱,每天都只吃两顿,也没买过新衣服,如果因为那个笔记本的问题,就要取消我的助学金,我真的觉得特别委屈。"听了王某的陈述,辅导员也观察了一下王某的穿着,确实很朴素,衣服鞋子、背的书包都很旧。辅导员先安抚了王某的情绪,表示会将她的具体情况上报学院领导和学校的资助中心,由上级领导研讨以后再做答复。在与王某结束谈话以后,辅导员与王某的表姐取得了联系,询问了家庭的经济情况,其表姐称笔记本电脑确实是自己买给王某的,当时只是想着大学生应该会需要用到电脑,而且当时担心孩子会因为家里穷受到其他同学的歧视,就专门给买了一个名牌的笔记本电脑,想着可以给孩子"撑场面",没想到会影响到孩子助学金的评定,自己好心办了坏事,希望学校可以酌情处理。辅导员同时也与王某家当地的村干部取得了联系,核实家庭经济情况。村干部称该生家庭确实经济非常困难,希望学校予以资助。辅导员将相关情况上报学院领导和学校相关部门以后,得到的回复是,虽然该生家庭经济确实困难,但是该生正在使用的高档电子产品属于学校的助学金评定细则里不可获得助学金的情况之一,为保证全校学生的公平性,若该生继续使用该笔记本电脑,就不能获得助学金的资助。希望学院辅导员做好对学生家长和本人的解释工作。

鉴于此,辅导员思考良久以后,想到一个折中的方法。首先,辅导员向王某说明了学校助学金评定的相关文件的要求,并告知若继续使用笔记本电脑,肯定不能获得助学金评定资助。然后,建议王某将笔记本电脑归还给表姐,也同时向家人说明,以后若要资助,请资助学费和生活费等学习生活必需的费用,像笔记本电脑这种非必需产品就不要再购买了。接着,告知王某因为其家庭经济困难,可以在家乡申请生源地贷款,在校期间贷款都是无息的,毕业以后工作了,可以每月分期支付,这样就可以大大减轻家庭的经济压力。最后,建议王某申请学生的勤工助学岗位,这样既可以锻炼自己的能力,还可以挣点生活费。王某表示愿意听取辅导员的建议,当天就把笔记本电脑寄还给了表姐,并向家人做了说明,家人也表示理解。辅导员再次找到王某同寝室同学,询问平时王某生活中的消费情况。寝室同学称其平时生活中吃、穿等确实很节约，除了那台笔记本电脑，其他也没有什么高档的产品和高消费的行为。辅导员了解清楚所有的情况以后，找到当初向辅导员投诉王某不符合助学金申请的同学，向其说明了情况。举报同学表示若王某无高档电子产品，其获得助学金她和其他同学将不会有任何的异议。在公示结束前，辅导员将对王某的处理办法上报学院和学校学生工作部资助中心，上级领导均认可此操作方法。辅导员在公示期间将相关问题一一解决。最后王某顺利拿到了助学金，大大缓解了家庭的经济压力。家长和学生都对学校表示了感激之情。

二、案例分析

本案例是各高校在助学金评定过程中经常出现的情况，部分学生因拥有名牌手机、笔记本电脑等高档的电子产品而不符合助学金评定条件的情况。案例中王某是大一新生，同学间相互不了解，所以在开学初家庭经济困难认定时，大家并没有发现她有名牌笔记本电脑。当开学一段时间后，启动助学金评定工作时，王某就因使用高档电子产品被同学举报。经调查，该生的家庭确实经济非常困难，但目前又不符合申请条件，陷入两难的局面。本着以生为本的原则，辅导员还是尽最大努力，想办法帮助该生解决此次助学金评定过程中遇到的问题。

三、教育方法

1. 与有关部门和相关人员核实该生家庭经济情况

辅导员通过与当地民政部门、村干部、该生的表姐联系，进一步核实了该生家庭经济困难的情况属实。

2. 做好该生的教育引导和家长的说服工作

学生家庭经济确实困难，平时生活也勤俭节约，问题的症结出现在笔记本电脑上。辅导员为了帮助王某解决经济问题，建议该生将笔记本电脑归还给亲戚，王某表示同意。辅导员还与王某的家人联系，说明大学不存在因为家庭经济困难而歧视某一个学生,希望他们打消此方面的顾虑,不要将这种"虚荣心"传达给孩子。家庭经济困难并不可耻,在学校的一切尊重是要靠学生努力学习、诚信做人做事来赢取的。同时将调查结果和处理的方法向班级同学做了解释说明,其他学生了解情况后,表示可以接受,无异议。

3. 解决思想问题与实际问题相结合

辅导员还建议王某在家乡办理生源地助学贷款,解决学费问题。同时推荐其参加学校的勤工助学岗位,这样既可以锻炼王某的各方面综合能力,也可以解决一部分生活费的问题。同时,鼓励王某一定要认真学习,如果学习成绩优秀的话,大二阶段还可以申请多项奖学金。引导王某以自己在校期间各方面的优异表现,来取得同学们的认可,家人以前给其传达的家庭贫困就会被同学歧视或者嘲笑的想法是不正确的,自己要从思想上正确看待这个问题。

4. 反思班级评议小组成员的组成是否合理

班级家庭经济困难学生认定小组的成员一定要具有代表性,要覆盖到每个申请者的寝室,这样才能进一步了解申请者的平日消费和生活情况。

四、教育案例反思

1. 完善家庭经济困难学生认定和国家助学金评定的程序和办法,强化监督环节

目前高校的家庭经济困难认定和国家助学金评定的流程还是相对比较完备的。但是总会出现一些特殊情况,所以结果出来后,评议结果公示这一环节至关重要。公示有异议时,务必高度重视,既不能让家庭经济不困难学生弄虚作假,也不能让真正困难的学生因为一些失误得不到资助。

2. 对家庭经济困难学生进行动态化管理

在家庭经济困难认定期间,要将学生当年提交的家庭情况调查表同

上一年的调查表进行对比,对家庭遇遭遇重大变故的学生以及全国资助系统里建卡的贫困户、低保、孤儿等七类特殊人群要重点关注。还可通过电话调查、座谈会、家访等方式,深入了解并掌握学生的实际困难,及时更新家庭经济困难学生的数据库。

3. 加强对困难学生的诚信教育和感恩教育

开展"助学·筑梦·铸人"资助育人主题活动,鼓励受助学生自立、自强,引导他们常怀感恩之心,提升使命感和责任心,增强奉献意识。让所有受助学生能够参与一些献爱心和感恩活动、励志故事宣讲活动,让困难学生自立自强的优秀事迹能够广为传播,让全校学生能从中受到启发、接受教育、汲取力量,让受助学生作为典型,充分发挥示范作用。

案例十三

励志奖学金评定引起的纷争

一、案例简介

某高校数学与统计学院大三学生正在进行励志奖学金评选工作，该学院拥有 6 个名额，正好该学院有数学与应用数学、信息与计算科学、应用统计学 3 个专业，每个专业的总人数都差不多，因此，辅导员就给三个专业每个专业分配了 2 个名额。随即辅导员向全体学生发布了通知，并让各班成立了以全体同学为成员的励志奖学金班级评议小组，励志奖学金将按照"学生本人提出申请→班级民主评议→辅导员综合评定→学院公示→学校公示→市教委审批"的程序进行。班级评议小组根据学生提交的申请和申请人的学业情况，对照学校国家励志奖学金管理实施细则里的奖励标准和申请条件，认真进行审核评议，支持并同意的同学签字确认。经辅导员综合评定，每个专业评选出 2 名同学进行公示。在公示期间，数学与应用数学专业的小高同学来到辅导员办公室，表示对评选结果有异议。小高认为，数学与应用数学专业和信息与计算科学专业是属于学校的大类招生，大一大二都是属于数学类大类，所学的课程是相同的，大二下学期专业分流以后数学大类才分出了数学和信息两个专业。按照每个专业分名额本没有错，因为各专业学习的内容不一样，但是目前数学和信息两个专业上一学年所学的课程是一样的，自己的学习成绩还有综合素质测评以及参加学科竞赛的成果都比现在信息专业评选上的两名同学要好，为什么自己没有评选上。他觉得这种按专业分配励志奖学金名额的方式不公平。辅导员觉得他说得有道理，就将此情况反馈给了上级领导。上级领导指示无论是按专业分流前进行名额分配还是专业分流后进行名额分配均可，只要所有学生统一标准即可。

鉴于此，辅导员召开了一个年级会议，征求全体同学的意见。虽然参评励志奖学金只是少数同学参与的事情，但是希望全体同学就此发表自己的看法和建议，最终通过无记名投票的方式来决定到底采用大类专业的方式还是专业分流后的方式来评定上一年度的励志奖学金。通过同学们的讨论和无记名投票表决，最后80%以上的同学赞成以专业大类的方式评定。结果，最初评选出的两名信息专业的同学均落选。辅导员担心落选的两名同学会有情绪，第一时间找到两名同学开展思想工作。这两名同学称自己确实挺不甘心的，本来都已经评选上了，突然又要推翻重新评选。辅导员告知学生在公示阶段都不能确定最终评选成功，若其他同学在公示阶段有异议，均可提出，学校会根据反映的情况进一步落实和解决。若确实出现了不公平的现象，我们也需要及时纠偏、改正。听过辅导员的耐心解释和引导，学生的心态平和了许多。信息专业的两名学生称，其实在当初召开年级会议的时候，自己就早有心理准备，他们此次的专业分流两个专业分得非常不均衡，成绩优异的大部分同学都去了数学专业，他们信息专业剩下的基本都不是数学专业的竞争对手，所以他们也接受这个事实。辅导员首先对于学生的理解表示感谢，同时，鼓励他们本学年继续努力，专业分流后课程就不一样了，到时候奖学金的名额就会自然划拨到各个专业。数学与应用数学的小高如愿评上了励志奖学金。

辅导员再次找到小高，询问为何在当初辅导员通知各专业开展励志奖学金评选和每个专业名额分配时，不及时反馈采用专业分流后的方式评选不合理。小高羞愧地低下了头，称自己确实有私心，是看见信息专业的同学的相关信息公示以后，发现他们的成绩和学科竞赛等各方面都不如自己，才想着要来争取的。辅导员指出了小高这种功利心态的错误之处，也坦然承认了自己在名额分配前确实考虑不周，但是小高应该在发现问题之初就积极向老师反馈，而不是一开始"事不关己、高高挂起"，等到公示结果出来以后，发现自己原来有机会评上，才来对结果提出异议。小高也勇敢承认了自己的错误，表示以后不会再有这种功利心态。此次励志奖学金评选工作就暂告一个段落。

二、案例分析

本案例是由于辅导员没有考虑到专业分流后各专业学生成绩严重不均衡，励志奖学金评选简单按分流后各专业学生人数进行名额分配而导致学生对评选结果感到不公平，产生争议。

三、教育方法

1. 发现问题，及时纠偏

召开年级会议，征求全体同学的意见，结合实际情况，请示领导后以多数同学的意见为准，采用以专业分流前大类专业成绩为标准进行重新评选。

2. 做好落选同学的安抚工作

原评定规则下初选通过的两名同学，因更改规则均落选，需要进行耐心地引导和鼓励。学生也表示因为评定时要参考上一学年的学习成绩和各方面的综合表现，自己落选能够理解。

3. 做好小高的思想教育工作

小高在以为自己没机会获评时，虽对名额分配有异议，却抱着事不关己的态度不做反馈。当初选名单公示后，发现评上的同学各方面参评条件并不如自己时，才提出异议。对于学生的这种功利思想，要及时进行教育引导，不能让学生的投机行为出现在励志奖学金等奖学金的评定过程中。

四、教育案例反思

1. 完善奖学金的管理办法和评定细则

在名额分配和参评条件等方面,要综合考虑到各方面的因素。不能简单片面地按专业或按人数进行划分。

2. 奖学金评定过程一定要公平、公开、公正

本案例中,辅导员是严格按照励志奖学金的评定流程进行操作的。小高同学若在最初名额分配的通知发出后立即向辅导员反馈的话,此次的励志奖学金评选工作就不会发生重新评选的情况。也正因一切程序都合理合规,所以在公示阶段就及时将存在的问题进行了纠偏,重新评选。最终的结果也得到了全体同学的认可,没有发生投诉事件。

3. 学生的思想政治教育工作不能放松

特别是对成绩优异的学生,更不能因学习成绩方面的优秀而忽视了对其的思想教育和警示,对于一些存在功利心理的学生要及时批评教育。励志奖学金不同于单纯的优秀学业奖学金,不能仅将学习成绩作为励志奖学金评定的单一条件,家庭经济、政治素养、思想素质、综合能力等都必须要考虑在内。

案例十四

由贫困生认定过程中的投诉案例引发的思考

一、案例简介

每年9月,全国各大高校都迎来大一新生入学,同时也同步启动一年一度的贫困生认定工作。大一新生的家庭经济困难学生认定是最具挑战性的工作,因为学生入学时间短,师生间、同学间相互都不太了解。某高校各学院各班按照学校的相关文件要求,采用申请者回避的原则成立了贫困生认定班级民主评议小组,并将评议小组名单在班级QQ群进行了公示。公示无异议后,各班开始开展工作,根据申请者的申请表和当地政府提供的证明以及其他可以证明家庭经济困难的相关材料、申请同学的日常消费和生活状况进行综合评议,初步确定申请者的贫困等级。大一某班在评定过程中,因为评议小组成员对申请者在校的实际生活情况不了解,就以申请者是否购买电脑,是否使用高档通信工具、高档化妆品等作为判定是否贫困的一个重要标准。于是该评议小组就对班上的所有申请者的使用物品进行了详细的登记,包括电脑和手机的品牌、型号等,询问申请者购买价格,并同时在网上查询相关报价进行核实。该评议小组的成员对于这项工作可谓是相当认真负责。根据各方面综合评议,该班申请困难认定的人数有13人,最后有8人被认定为贫困生,其余均为家庭经济不困难的学生。班级评议小组将结果上报给辅导员以后,辅导员再次审核,最后辅导员将认定结果上报学院,由学院统一进行公示。结果公示期间,收到了学生的投诉。

看似公平、公开、公正的困难认定为何会收到学生投诉？辅导员立即展开调查。被投诉的是一名来自农村的小陆同学，投诉的学生是小陆同寝室的同学，辅导员从投诉同学的口中得知，这次被认定为"家庭经济比较困难"的小陆同学除了有一部看似非常破旧的老年机以外，还私自藏有一部最新款的苹果手机，大约价值8000多元，小陆平时都不拿出来用，都是晚上偷偷在寝室使用。辅导员将小陆申请贫困生的相关材料全部找出来，认真审核。发现小陆的申请书上写着家中 4 口人，父母靠务农为生，现父亲生病住院，家中失去了主要劳动力，母亲要照顾生病的父亲和年幼的弟弟，家中一时间没有了经济来源。并且小陆有当地民政部门盖章的贫困证明，有医院出具的小陆父亲生病住院的相关复印材料，班级评议小组调查的补充材料记载小陆无电脑、有一部破旧的老年机，无名牌化妆品等，所以当时评议小组全体成员根据所有申请同学的材料综合考虑，将建档立卡贫困家庭学生、最低生活保障家庭学生、孤残学生等七类特殊人群评定为"家庭经济特别困难"，将小陆评定为"家庭经济比较困难"。材料看似都没有问题，辅导员就将小陆叫到了办公室，想了解一下小陆的家庭经济情况，希望小陆能如实回答。小陆描述的内容和申请书一致，并且否认自己有另外一部高档的智能手机。调查陷入了僵局。小陆否认自己有两部手机，辅导员也不可能去学生寝室搜查。为了确保贫困生认定工作的真实性，辅导员提出要去小陆家里家访，小陆面对辅导员突然提出的家访，突然情绪非常激动，并称辅导员是不信任他，故意针对他，是对其人格的侮辱。自己有政府部门和医院出具的材料，凭什么不去其他同学家家访，偏偏要去他家家访。辅导员见状立即安抚小陆的情绪，并表示辅导员走访家庭经济困难的学生家是学校一直存在的一项制度，是关心关爱学生，促进家校联系的一种方式，有时候是在评定过程中，有时候是在寒暑假等节假日，并非有意针对小陆，希望小陆理解，同时建议小陆可以先和家人商量，看家人是否方便，老师也会在征得家长同意后再和家长约定时间前去，不会贸然前去。小陆听后紧张的情绪得到了缓解，并表示自己先给父母打个电话商量一下。在小陆离开后，辅导员将此次困难认定遇到的突发情况上报给学院领导，学院领导表示家访确实是核实学生家庭情况的一个重要手段，但是若真遇到学生和家长都抗拒的情况，可先和当地民政部门取得联系，询问学生家庭经济情况。得到领导的指示后，辅导员联系了当地的民政部门，当地民政部门只反馈小陆家庭不是当地的建档立卡的贫困户和低保户等，具体的家庭经济情况并不太了解。辅导员再次约谈小陆，询问其是否和家人商量，小陆称因为父亲在医院，母亲要照顾父亲和弟弟，没时间带老师去家里家访。辅导员见小陆的抵触情绪比较强烈，就暂时不提家访的事情。而是从关心小陆父亲的病情入手，告知其若家庭发生重大变故，学校也可以帮助其申请临时困难补助，但是一定要如实反映情况，不能弄虚作假，若有意欺骗并且知错不改的话，是要被处分的，希望小陆慎重考虑。第二次约谈时，小陆的语气不再像第一次约谈时那样强硬，说话开始变得吞吞吐吐，欲言又止。在辅导员的耐心引导下，小陆终于说出了自己家的真实情况，并希望学校不要处分自己。原来小陆出具的当地民政部门的证明是他父亲拜托熟人去开的，因为父亲得知家庭困难的大学生每年可以获得国家一定金额的资助，并且当地民政部门每年暑假期间都要开具很多类似的证明，只要不是当地众所周知的富裕家庭和公职人员的孩子，其他家庭都能顺利开到贫困证明，当地政府部门并没有对此事严格审核。父亲生病住院是去年的事情，现已痊愈出院，医院的材料是自己在原件上进行了修改，所以交的是复印件。小陆称自己确实一直使用老年机，但因为考上大学了，父母奖励了他一个新手机，但是他担心被同学发现，一直偷偷摸摸地使用。他一直担心自己作假的事情被发现，内心也万分焦灼，现在终于将所有的事情都坦白了，反而轻松了，自己也认识到了错误，希望学校可以从轻处理。

二、案例分析

本案例是学生为获得经济利益而在贫困认定过程中造假的经典案例。为获得家庭经济困难学生的身份，从而进一步获取国家助学金，家长帮助孩子开具虚假证明，导致学生缺乏诚信。同时也反映出目前在贫困生认定过程中存在漏洞。

三、教育方法

1. 重新核实该生家庭的实际经济情况

辅导员想去家访受阻，于是致电当地民政部门进一步核实该生的家庭经济情况，当地民政部门回复该生家庭非建档立卡贫困户和低保户，其余情况不了解。虽未获得该生家庭经济情况的正面回答，但是明确得知该生家非建档立卡贫困户和低保户，从某种意义上讲，该生的家庭情况并非如学生申请表中描述的那样困难，需进一步与学生本人确认。

2. 做好学生的教育工作和家长的说服工作

在与学生谈心谈话的过程中，要考虑到学生的心理，处理时要注意方式方法，以防发生意外事件。在本案例中，小陆弄虚作假的行为主要是受了父亲的影响，是因为其父亲有意识地引导，为其开具政府部门的证明，让学生自己对住院材料进行修改等。学生是因为受了不良思想的影响，才做出了造假的错误行为，应对其进行批评教育，并告知国家和学校关于贫困生认定过程中的相关规定："如发现弄虚作假现象，一经核实，取消受资助资格，收回资助资金。情节严重的，学校应依据有关规定进行严肃处理。"让该生明白，这一行为不是简单的说谎行为，而是违规违纪行为，后果相当严重，希望学生自己坚守诚信，主动坦白。鉴于学生主动承认错误，认错态度良好，学校取消其贫困生资格，取消与本年度相关的评优评先资格，以示惩戒，并且联系家长，告知学校的处理结果，希望家长能够以身作则，给孩子树立正确的榜样。

3. 重新召开班级民主评议小组会议，通报情况并重新评议

评议小组成员应具有代表性，应确保每个申请者的寝室至少有一名评议小组成员，这样才能了解申请者平时的消费和生活情况。经过重新评议，小陆被取消了贫困生的资格。

4. 在全体学生中开展诚信教育主题活动

诚实守信是中华民族的传统美德,通过开展主题教育活动,增强大学生以德立身,诚实守信的意识,提高大学生的道德修养和法治观念。可通过年级会议、主题班会等形式开展诚信教育,也可开展形式多样的活动,例如:诚信格言征集活动、诚信小故事比赛,诚信征文比赛等,以学生喜闻乐见的方式开展效果更佳。

四、教育案例反思

1. 完善贫困生认定程序和办法,加强过程监督

班级民主评议小组的成员一定要覆盖到每个申请者的寝室,本案例中就因为成立的评议小组成员结构不够合理,没有涉及小陆的寝室,所以评议小组的同学对其平时的消费和生活情况并不了解。班级民主评议结果出来以后,先在自己班级及时公示,有异议的同学在班级公示期间就可以反馈,这样对于存在的问题可以早发现,早处理。贫困生认定过程中尤其要重视公示环节,可开展多个公示环节:班级公示—年级公示—学院公示—学校公示。经过逐级层层公示,多部门复查,确保贫困生认定的公平、公正、公开。

2. 加强贫困生认定的相关文件精神和有关规定内容的宣讲

明确告知学生评定过程中发现弄虚作假的,学校会进行严肃处理,同时开展诚信教育,让学生明确知道哪些是属于家庭经济困难的范畴,同时希望同学们坚守诚信为本的原则,杜绝弄虚作假。

3. 加强贫困生的感恩励志教育

鼓励贫困生自立自强,引导他们常怀感恩之心,用自己努力奋斗的励志故事,影响周围的同学,发挥示范效应。

小　结

　　大学生日常事务管理中，贫困生的认定，助学金、奖学金的评选，是最易产生争议、最易收到投诉的一项工作。面对目前高校面临的贫困生认定难度大的问题，高校除了要建立健全相关制度以外，还可采取家访、个别访谈、大数据分析、信函索证、量化评估、民主评议等多种方式相结合来提高家庭经济困难学生认定的精准度。如何做好资助工作，实现资助育人，是所有资助工作者应该思考的问题。因为物质资助导致一部分学生受利益驱使而弄虚作假，高校也可以考虑由单纯的物质资助到促进学生全面发展的多元化资助，例如提供较多的勤工助学岗位，让学生通过劳动获取资助。授人以鱼不如授人以渔，这样学生既锻炼了自身的能力，又获得了一定的物质资助，而且是经过自己的勤劳换来的，学生会倍加珍惜。培养学生创新创业能力，学校可以单设贫困生创业项目，由家庭经济困难的学生申报学校的创业项目，获得创业基金资助。

本篇章案例中涉及的国家政策：
教育部等六部门《关于做好家庭经济困难学生认定工作的指导意见》
一、重要意义
　　做好家庭经济困难学生认定工作，是贯彻落实党中央、国务院决策部署，全面推进精准资助，确保资助政策有效落实的迫切需要。近年来，我国学生资助政策体系逐步完善，经费投入大幅增加，学生资助规模不断扩大，学生资助工作成效显著，极大地促进了教育公平，为教育事业健康发展、脱贫攻坚目标如期实现提供了有力保障。认定家庭经济困难学生是实现精准资助的前提，是做好学生资助工作的基础。各地、各校要把家庭经济困难学生认定作为加强学生资助工作的重要任务，切实把好事做好、实事办实。

二、认定对象

家庭经济困难学生认定工作的对象是指本人及其家庭的经济能力难以满足在校期间的学习、生活基本支出的学生。本意见中的学生包括根据有关规定批准设立的普惠性幼儿园幼儿；根据国家有关规定批准设立、实施学历教育的全日制中等职业学校、普通高中、初中和小学学生；根据国家有关规定批准设立、实施学历教育的全日制普通本科高等学校、高等职业学校和高等专科学校招收的本专科学生（含第二学士学位和预科生），纳入全国研究生招生计划的全日制研究生。

三、基本原则

（一）坚持实事求是、客观公平。认定家庭经济困难学生要从客观实际出发，以学生家庭经济状况为主要认定依据，认定标准和尺度要统一，确保公平公正。

（二）坚持定量评价与定性评价相结合。既要建立科学的量化指标体系，进行定量评价，也要通过定性分析修正量化结果，更加准确、全面地了解学生的实际情况。

（三）坚持公开透明与保护隐私相结合。既要做到认定内容、程序、方法等透明，确保认定公正，也要尊重和保护学生隐私，严禁让学生当众诉苦、互相比困。

（四）坚持积极引导与自愿申请相结合。既要引导学生如实反映家庭经济困难情况，主动利用国家资助完成学业，也要充分尊重学生个人意愿，遵循自愿申请的原则。

四、组织机构及职责

教育部、财政部、民政部、人力资源社会保障部、国务院扶贫办、中国残联根据工作职责指导全国各级各类学校家庭经济困难学生认定工作。

各地要建立联动机制，加强相关部门间的工作协同，进一步整合家庭经济困难学生数据资源，将全国学生资助管理信息系统、技工院校学生管理信息系统与民政、扶贫、残联等部门有关信息系统对接，确保建档立卡贫困家庭学生、最低生活保障家庭学生、特困供养学生、孤残学生、烈士子女、家庭经济困难残疾学生及残疾人子女等学生信息全部纳入家庭经济困难学生数据库。

各高校要健全认定工作机制，成立学校学生资助工作领导小组，领导、监督家庭经济困难学生认定工作；学生资助管理机构具体负责组织、管理全校家庭经济困难学生认定工作；院（系）成立以分管学生资助工作的领导为组长，班主任、辅导员代表等相关人员参加的认定工作组，负责认定的具体组织和审核工作；年级（专业或班级）成立认定评议小组，成员应包括班主任、辅导员、学生代表等，开展民主评议工作。

各中等职业学校、普通高中、初中、小学、幼儿园要成立家庭经济困难学生认定工作组，负责组织实施本校家庭经济困难学生认定工作。成员一般应包括学校领导、资助工作人员、教师代表、学生代表、家长代表等。

五、认定依据

（一）家庭经济因素。主要包括家庭收入、财产、债务等情况。

（二）特殊群体因素。主要指是否属于建档立卡贫困家庭学生、最低生活保障家庭学生、特困供养学生、孤残学生、烈士子女、家庭经济困难残疾学生及残疾人子女等情况。

（三）地区经济社会发展水平因素。主要指校园地、生源地经济发展水平、城乡居民最低生活保障标准，学校收费标准等情况。

（四）突发状况因素。主要指遭受重大自然灾害、重大突发意外事件等情况。

（五）学生消费因素。主要指学生消费的金额、结构等是否合理。

（六）其它影响家庭经济状况的有关因素。主要包括家庭负担、劳动力及职业状况等。

六、工作程序

家庭经济困难学生认定工作原则上每学年进行一次，每学期要按照家庭经济困难学生实际情况进行动态调整。工作程序一般应包括提前告知、个人申请、学校认定、结果公示、建档备案等环节。各地、各校可根据实际情况制定具体的实施程序。

（一）提前告知。学校要通过多种途径和方式，提前向学生或监护人告知家庭经济困难学生认定工作事项，并做好资助政策宣传工作。

（二）个人申请。学生本人或监护人自愿提出申请，如实填报综合反映学生家庭经济情况的认定申请表。认定申请表应根据《家庭经济困难学生认定申请表（样表）》，由省级相关部门、中央部属高校结合实际，自行制定。

（三）学校认定。学校根据学生或监护人提交的申请材料，综合考虑学生日常消费情况以及影响家庭经济状况的有关因素开展认定工作，按规定对家庭经济困难学生划分资助档次。学校可采取家访、个别访谈、大数据分析、信函索证、量化评估、民主评议等方式提高家庭经济困难学生认定精准度。

（四）结果公示。学校要将家庭经济困难学生认定的名单及档次，在适当范围内、以适当方式予以公示。公示时，严禁涉及学生个人敏感信息及隐私。学校应建立家庭经济困难学生认定结果复核和动态调整机制，及时回应有关认定结果的异议。

（五）建档备案。经公示无异议后，学校汇总家庭经济困难学生名单，连同学生的申请材料统一建档，并按要求录入全国学生资助管理信息系统（技工院校按要求录入技工院校学生管理信息系统）。

七、相关要求

各级教育、财政、民政、人力资源社会保障、扶贫、残联等部门要加强对家庭经济困难学生认定工作的监督与指导，发现问题，及时纠正。

各级民政、人力资源社会保障、扶贫、残联等部门要为学生家庭经济状况的核实认定工作提供必要依据和支持，确保建档立卡贫困家庭学生、最低生活保障家庭学生、特困供养学生、孤残学生、烈士子女、家庭经济困难残疾学生及残疾人子女等信息真实有效。

各级教育、人力资源社会保障等部门和学校要加强学生资助信息安全管理，不得泄露学生资助信息。

各学校要加强学生的诚信教育，要求学生或监护人如实提供家庭经济情况，并及时告知家庭经济变化情况。如发现有恶意提供虚假信息的情况，一经核实，学校要及时取消学生的认定资格和已获得的相关资助，并追回资助资金。

八、附则

各地、各中央部属高校要根据本意见，结合实际，制（修）定具体的认定办法，并报全国学生资助管理中心备案。

科研院所、党校、行政学院、会计学院等研究生培养单位的家庭经济困难学生认定工作，参照本意见执行。

本意见自发布之日起施行。《关于认真做好高等学校家庭经济困难学生认定工作的指导意见》（教财〔2007〕8号）同时废止。

本意见由教育部、财政部、民政部、人力资源社会保障部、国务院扶贫办、中国残联负责解释。

朋辈互助式心理疏导篇

随着社会的快速发展，竞争与日俱增，人们心理问题也随之日益凸显。大学生由于恋爱、人际关系、学业、就业等问题成为心理问题的高发人群。近年来，大学生因心理疾病发生休学、退学、自伤、自杀的比例逐年增加，大学生心理健康问题开始受到社会各界的广泛关注。校园内因心理健康问题引发的意外伤亡事件时有发生，严重危害到校园的安全稳定。如何及时发现和科学干预学生心理问题，确保学生的人身安全和心理健康成为了高校学生工作的重中之重。朋辈互助式心理服务能有效且及时地发现学生的异常，能有效弥补高校专业心理咨询人员的不足。朋辈间的良好互帮互助，有助于建立融洽的关系，缓解学生的紧张和焦虑，增进同学间友谊；还能提升学工干部的工作效率，提高思想政治教育工作的时效性，降低大学生心理危机事件的发生率，有利于校园的安全稳定，在大学生心理健康教育中起到了重要的作用。

大学生常见的心理疾病有：抑郁症、焦虑症、双相情感障碍、精神分裂症等。本篇章中就列举了其中几类心理疾病引发的事件，内容包括事件发生的经过、处理的思路与具体步骤、启示等。

案例十五
因情感纠纷导致的心理问题

一、案例简介

小邓,女,性格开朗,家庭经济条件较好。某日,小邓突然在QQ上向辅导员咨询休学手续如何办理,辅导员立即警觉起来,学生突然咨询休学政策一定是遇到了什么突发事件。辅导员想约小邓到办公室来详细了解情况,但是小邓以马上要上课为由拒绝了辅导员的邀请。辅导员再次和小邓约其他没课的时间,小邓均以不在校或有其他事情为由,拒绝与辅导员见面。辅导员只能以QQ和该生保持联系,询问休学原因,但是该生称自己只是随便问问,了解一下而已,并没有要休学,没有遇到什么事情。

鉴于此,辅导员立即联系了该生的寝室同学,询问近期是否有什么特殊的事情发生,寝室同学称她们寝室人际关系正常,其他也并未发现异常情况。辅导员从同学处了解到小邓有谈恋爱,男朋友是外地的社会人员,小邓和男朋友经常吵吵闹闹,分分合合很多次了,她们早已习以为常。辅导员又联系了该生的家长,家长也称家里挺好的,和孩子关系也好,并没有发生什么变故。辅导员交代班干部和寝室同学密切关注小邓,如有异常及时汇报。

一周后,小邓的寝室同学给辅导员打电话称小邓好像失恋了,声称不想活了。辅导员立即赶往小邓寝室,并在电话里让宿舍同学赶紧把寝室的所有的尖锐物品全部收起来,并看住小邓,不要让其伤害自己。因小邓只是声称有轻生的想法，但并未做出任何伤害自己的行为，辅导员就暂时未联系其家长到校，想等了解事情的经过以后再通知家长。辅导员到寝室后，发现小邓正抱着好友痛哭流涕，面对辅导员的关心和询问均无任何反应，辅导员就先向其他同学了解情况。据其他同学介绍，小邓交了一个异地的男朋友，一年多了，不知道怎么回事就突然分手了，小邓不能接受，跟那个男生打电话的时候称"要是敢分手，就死给你看"，寝室的同学听见了，就赶紧联系了辅导员老师。辅导员继续多次尝试和小邓交流，小邓均不理睬，只是撕心裂肺地哭泣。辅导员提出建议，若不愿意与辅导员交谈，是否愿意与心理咨询中心的老师聊一下，小邓点头表示同意。辅导员立即联系学校心理咨询中心的老师并将相关情况上报学院分管领导。同时学生不愿同辅导员一起前往咨询中心，称有自己的寝室好友陪同就行了，为减少小邓的排斥情绪，辅导员就嘱托小邓的好友陪同小邓到学校心理咨询中心。其间辅导员一直和其好友保持着密切联系。经过与咨询中心的老师进行第一次咨询后，小邓的情绪稳定了许多，也不再哭泣。小邓见到辅导员就立即强调，不能把今天的事情告诉她的父母。上次她只是咨询了一下休学的事情，辅导员就和她父母联系，导致父母对她一顿乱骂，责备她不好好读书，一天胡思乱想。辅导员终于明白为什么小邓一直不愿意与自己沟通，应该就是害怕辅导员再次将自己的情况告知父母，担心被父母责备。辅导员见小邓情暂时绪稳定了，就让好友带其回宿舍，并嘱咐寝室同学和班干部 24 小时全天密切关注她。小邓非常信任寝室的一名女生，辅导员就特意教其一些心理疏导方面的方法，让其帮助、开导小邓。她也很有爱心，一直帮助小邓。心理咨询中心老师告知辅导员，她在与小邓咨询的过程中了解到小邓是有过自伤行为的，这个事情必须告知家长。原来前几天小邓男友来见过小邓，并提出分手，小邓不同意，就在男友的面前用头撞墙，苦苦哀求，并表示愿意休学一年，陪男友去其所在的城市生活。男友见小邓情绪激动，就让其先回学校，小邓以为自己已经成功挽留住了男友，没想到男友两天后在电话里再次提起分手的事情，小邓才又说出不想活了等极端的话语。

辅导员的工作陷入了两难的境地。一方面学生强烈反对告知家长，若告知家长，可能导致学生后期对辅导员更加排斥，以后的工作开展会难上加难。另一方面学生又有轻生的想法，并且有过自伤的行为，这种情况又必须要告知家长。思索再三以后，辅导员还是拨通了小邓父亲的电话，告知了小邓目前的情况，并且希望家长尽快到校，在到校前对孩子多关心，不要责骂，并且不要质问小邓失恋后自伤和情绪失控等行为。家长满口答应，并且称自己在云南，还比较远，家里的生意要安排一下，大概两日后到校。

当天晚上10点多辅导员接到小邓的电话，小邓一开口就是质问辅导员为何不遵守彼此的约定，为什么要将学校的事情告知家长，称以后再也不会相信辅导员了。辅导员立即联系寝室同学，询问小邓目前情况如何，寝室同学称小邓好像知道了家长要来，很紧张，很害怕。辅导员又立即联系小邓父亲询问原因，家长称自己并没有问她失恋的事情，只是问她是不是有人在学校欺负她了，要不然她哭什么。家长的不配合导致学生当晚的情绪异常激动，辅导员只得再次赶往寝室。但是小邓见到辅导员后，情绪更加激动，面对辅导员又吼又叫："我自己本来已经调整好了，你现在告诉了我家长，我家长还要到学校来，我现在就不想活了，不想面对家长的质问。他们本来就不让我谈恋爱，现在知道了肯定会打死我的。"面对小邓的怒吼，辅导员耐心地解释："首先，老师向你道歉，没有遵守约定，将此事告知了你的家长。其次，希望你理解，涉及你生命安全的事情，我作为学校的老师是必须要告知你家长的。而且，你家长知道以后不会打你骂你的，你的家人很关心你，很爱你，否则也不会听说你有事就准备立即到学校来。等他们来了，我们再好好沟通，事情没有你想的那么糟糕。"小邓的宿舍好友也一直在一旁劝慰，小邓听后情绪稍有缓和，就要求辅导员现在与家长联系，称她已经好了，没事了，家人不用来学校了。为了安抚小邓的情绪，辅导员答应小邓自己会再次和家长沟通，并且帮小邓跟家长做好解释工作。

辅导员汲取了上次和小邓父亲沟通失败的经验，这次没有再与小邓的父亲联系，而是与小邓的母亲联系，得知小邓父亲并未将小邓的事情告知其母亲，自己擅自就和小邓联系，小邓的母亲对于父亲的行为非常生气，对老师也是表达了歉意，称一定配合学校，做好孩子的安抚工作。在小邓母亲的安抚下，小邓的情绪恢复了正常。辅导员在给寝室同学交代了注意事项以后就离开了寝室。

翌日早上，小邓寝室同学称小邓又开始哭了，好像是因为男友没有理她。在好友的劝解下，小邓激动的情绪又有所缓解。为了让小邓的情绪尽量稳定，能平安等到家长到校，辅导员通过各种渠道找到了小邓男友的联系方式，通过沟通，男生愿意先稳住小邓的情绪，先不强硬地提出分手，准备让小邓慢慢接受这个现实。在小邓情绪低落的时候，好友一直在旁陪伴安慰，心理咨询老师一直保持线上和线下的沟通开导，辅导员做好各方面沟通协调工作。两日后家长到校，辅导员先单独和家长沟通，强调注意事项以后，带家长去寝室见了孩子，家长以中秋节来临，想来重庆玩一下，顺路来看看孩子为由，给孩子一个惊喜。他们的交流中全是关心关爱，没有质问责备，学生的紧张情绪慢慢得到缓解。家长为孩子办理了10天的请假手续，说带孩子去医院诊断一下，并且由家长陪同散心，对其进行心理疏导。小邓在家休养期间到医院就诊，医生诊断为中度抑郁，暂不需要药物治疗，定期进行心理咨询即可。

经过家长的陪伴与好友在网上持续地安慰、鼓励，学生很快走出了失恋的阴影，也理解了辅导员的良苦用心。在学生假期结束回校的时候，主动给辅导员发了一条消息，感谢老师对她的关心，并且称以前她做错了事情爸爸一定会打她，妈妈一般会骂她，没想到这次他们都没有打她骂她，而是一直在安慰开导她，让她明白了，没有了爱情，还有亲情，自己再也不会做伤害自己的傻事了。

二、案例分析

本案例中，学生因失恋而有了轻生想法，这主要由于从小亲子关系不够亲密，小邓就将爱情这一部分看得异常重要。儿时家长的棍棒教育让小邓误以为父母会对其恋爱行为不理解，一定会强烈反对甚至对自己目前的状态进行责备，加之前期小邓父亲不听从辅导员的建议，擅自追问该生在校情况，错误的干预加重学生的情绪失控，进而引发校园危机事件。

三、教育方法

1. 安抚学生情绪，及时转介心理咨询中心

辅导员不是万能的，当学生拒绝沟通时，要在安抚好学生情绪的同时及时寻求外援，此时转介心理咨询中心是非常正确且必要的。

2. 联系家长，家校合作

联系家长，家校合作，共同帮助帮助学生走出失恋困境。及时就医确保心理健康。

3. 充分发挥朋辈互助式心理服务系统的作用

由身边的同辈朋友对小邓进行帮扶，在小邓心理最脆弱的时候，有好友陪伴在侧，进行共情、安抚，同时密切关注以免发生意外。后期继续陪同其一起上课、上自习、参加学校的各种活动、周末外出逛街等，让小邓的在校生活过得丰富多彩，慢慢淡忘失恋的痛苦。

4. 事后开展以"树立正确的恋爱观"为主题的年级会议

引导学生如何爱与被爱，正确处理恋爱与学业的关系，培养爱的能力和责任，提高恋爱中抗挫折的能力。

四、教育效果

经过心理咨询中心老师的约谈，学生情绪暂时稳定，家长及时到校将学生接回家就医和调整，让学生感受到了来自亲人的关爱，从而淡化了失恋的痛苦。加上朋辈在其返校后在学习、生活等各方面的陪伴，辅导员的定期谈心谈话进行疏导、给予关爱，小邓的校园生活过得十分充实，逐渐从失恋的低谷中走了出来，又变回了以前乐观开朗的样子。

五、教育案例反思

大学生恋爱在高校是非常普遍的现象。作为高校教育工作者，需要引导学生学会交友，帮助学生树立正确的恋爱观，同时加强对学生的抗挫折教育、生命教育、责任教育，引导学生正确处理恋爱和其他各方面的关系，培养学生的社会责任感、伦理道德感。引导大学生正确恋爱方面可以从以下几个方面开展：

1. 端正恋爱动机，树立正确的恋爱观，营造健康的爱情环境

引导学生正确认识爱情，恋人应该是志同道合的朋友。

2. 学会合理安排自己的学习和业余时间

大学生的首要任务是学习和自我综合素质发展，为以后进入社会与就业打下坚实的基础。恋爱无疑会消耗大量的精力，恋爱是共同进步还是拖累倒退，取决于学生是否会合理地分配恋爱、学习和工作的时间。

3. 学会爱与被爱，培养爱的能力

引导学生懂得什么是爱，认识自己喜欢什么，需要什么。可以在心理健康教育课程中恋爱篇章里对学生进行引导，让学生明白爱情的含义，使学生感悟如何去爱。

4. 培养拒绝爱的能力

对于不愿接受的异性示爱要敢于理智地拒绝，并能够采取恰当的方式拒绝对方的示爱且不伤害他人的自尊和感情。每个人都有追求爱情和拒绝爱情的权利，要培养学生学会运用尊重和机智的方式来维护自己和他人的利益。

5. 培养抗挫折能力，加强生命教育

需要培养学生的抗挫折能力，加强挫折教育。要让学生明白人生不可能一帆风顺，要在失败的基础上总结经验，化阻力为动力。当自己被拒绝的时候，不应一蹶不振，而是要想办法把自己变得更好。同时加强生命教育，爱情是双向的，当学生成为被拒绝的一方时，要有足够的抗

挫折能力，不能因为爱而不得做出伤害他人或者伤害自己的行为。

6. 定期与家长沟通

了解学生的家庭情况，在家长中选择合适的沟通对象。本案例中起初辅导员联系小邓的父亲，由于父亲的不配合，学生情绪再度失控。好在换成与小邓母亲沟通后，事态得到了平息。对于学生小邓，除了辅导员和同学给予的关心与帮助，还需要有父母的关爱。父母永远是孩子最大的依靠，没有人比父母更能给予自己的孩子温暖，让孩子们心中都充满爱，爱是最伟大的力量。案例中正是因为小邓家长的及时安抚，才能让小邓尽快从失恋的悲伤中走出来。

7. 建立一套科学完善的朋辈互助式心理服务系统和危机干预机制

本案例中，朋辈的支持和陪伴发挥了极其重要的作用。若本案例中小邓的室友和好友是经过专业培训的"心理互助员"的话，会更早发现小邓的异常，或许能在小邓情感刚刚出现问题时，就给予其及时的疏导，就可避免危机事件的发生。高校建立一支朋辈互助式的心理服务队伍迫在眉睫。目前，有完整的朋辈互助式心理服务系统和危机干预机制的高校寥寥无几。有一些高校开始培养"心理互助员"，但都不够系统，管理制度也不完善，多是依托于学生会的学生组织，发挥的作用不够充分，影响度也大打折扣，很多学生根本不知道自己所在学院有朋辈互助式心理服务。从实际案例中可看出，建立朋辈互助式心理服务系统和危机干预机制有利于促进大学生心理健康与思想道德素质、科学文化素养的协调发展，有利于促进校园稳定，有利于大学生建立理性平和积极向上的健康心态。

案例十六

学习压力大引发精神分裂症

一、案例简介

小佳，众人眼中的乖乖女，从小学到中学阶段都是班级里的佼佼者，让人羡慕的"别人家的孩子"。父母对其要求极高，期望她大学期间也能学习成绩优异，毕业后能找到一份体面、稳定且高薪的工作。小佳进入大学以后也一直严格要求自己，学习勤奋努力，但是学习成绩却很一般。中学阶段出类拔萃的尖子生到了大学以后变得平平无奇、普普通通，甚至还有多门不及格课程，巨大的成绩落差让小佳不知所措。大二学年开学初，小佳收到了学籍警示，导致心理压力剧增。辅导员找其谈话，帮助其分析，可能是她不适应大学的学习模式，学习方法欠妥或是学习效率较低，她虽然非常努力，但是学习成绩依然毫无起色。因此，辅导员就特意为小佳安排了一名学习成绩好的学生干部，对其进行学习帮扶。

大二学年的某一天，辅导员突然接到小佳班上心理委员的电话，称小佳好像不太对劲，说了些他们听不懂的话，往操场跑去了。辅导员立即赶到操场，发现小佳正在操场上疯跑，为了防止意外发生，寝室同学都在旁边陪着跑，她嘴里嘀嘀咕咕念叨着什么，任何人跟她说话都没反应。辅导员见状立即联系了心理咨询中心老师并上报学院领导。小佳跑了十几圈以后，终于累了，停了下来，这时辅导员老师上前询问，小佳称有人在说她的坏话，有人要害她，所以她就一直在跑一直跑，小佳的表情相当惊恐。辅导员立即安抚小佳的情绪，称老师和同学们都在，大家都可以保护她，在学校是安全的，没人会害她。与此同时，心理咨询中心的老师也快速赶到现场，初步怀疑该生可能是出现了幻想幻听，需要立即送医。辅导员立即联系了该生的家长，通知其尽快到校。为了稳定该生的情绪，辅导员与咨询中心老师一起带着小佳到学校心理咨询室，咨询中心的心理老师对该生进行了紧急心理疏导，等待家长到校。好在学校离家较近，家长几个小时后就来到了学校，并听取了学校的建议带学生去医院就医。最后小佳被确诊为精神分裂症，需要住院治疗，随后家长为该生办理了休学手续。

一年后，学生复学回校，定期会到医院复诊，到心理咨询中心咨询，辅导员也会经常约谈，但是一遇到考试学生还是会很紧张。当有一门课程挂科时，该生情绪又出现了明显的异常，一夜未眠之后，精神出现恍惚，哭得眼睛都肿了。辅导员立即通知了家长，并对学生及时进行开导，告知她课程还可以重修，还有机会，下次重修时辅导员会联系任课老师，每次上课的时候专门针对小佳不懂的地方多讲解一下。随后家长也很快到校，对其进行陪伴与安慰。她的暂时心情得到了平复，恢复了正常状态。

二、案例分析

这是学生心理问题导致的突发事件，虽是突发，但是该生前期出现学习压力大的情况时，辅导员没有及时发现和转介心理咨询中心，慢慢积压，导致最后出现精神疾病。

三、教育方法

（1）首先要确保学生的生命安全，因此需要24小时陪护。
（2）联系心理咨询中心老师，及时对学生进行心理疏导。
（3）联系家长到校，带学生到专业的医院就医。
（4）对精神疾病因病休学后康复期复学返校的学生，要重点关注。

定期去医院复诊、心理咨询中心定期约谈、辅导员密切关注，都是必须要保证的基本条件。

四、教育效果

及时的看护和送医救治，避免了危机事件的发生。小佳经过系统治疗，病情得到控制。复学后"家—校—医"密切联系，时时关注，发现问题及时帮助处理，让小佳在校期间一直保持稳定状态，学习成绩也有所提升，与寝室同学关系融洽，慢慢融入了集体生活。

五、教育案例反思

1. 定期与家长沟通

小佳除了需要辅导员给予的关心与帮助，还需要有父母的关爱。父母永远是孩子最好的老师和最大的依靠，没有人比父母更能给予自己孩子温暖，让孩子们心中充满爱。爱是最伟大的力量。

2. 加强专业知识学习与研究

任课老师、辅导员、学生工作管理人员等需要加强对教育学、心理学、心理健康教育方面的专业知识的学习与研究。

在平时的课堂上、生活中了解学生、关心学生，全员全方位全过程地对学生进行正面的思想政治教育引导、抗挫折教育、心理健康教育等，完成心理育人的重要任务。

3. 继续加强朋辈互助式心理服务系统的建设

同学之间相处的时间是最多的，若有异常也是朋辈之间最易发现。成立一支专业的朋辈互助式心理服务队伍，对其进行专业的心理学方面的培训，朋辈互助员在平时学习和生活中充当好心理信息员的作用，时刻关注身边同学的心理状态，发现异常时及时给予帮助并向老师报告，实现助人与互助的良好的循环。

案例十七

学生突发急性精神障碍

一、案例简介

某高校学生丁某，大一入学时的心理普查 SCI-90 量表高于 250 分，显示异常。心理咨询中心定期与其进行约谈，辅导员也密切关注他，一年来情况一直较为稳定。大二开学初丁某因参军入伍，休学两年，咨询中断。两年后，丁某复学回校，由于学校机构调整，辅导员工作调动，新接手丁某的辅导员并不了解丁某曾经的心理问题，因是参军休学，辅导员也未过多去了解丁某以前在校的表现。丁某退伍复学后虽然一直独来独往，没有关系较好的朋友，但是学习勤奋努力，待人也是彬彬有礼，辅导员就没给予过多的关注。大二第一学期结束后，丁某出现了两门挂科，辅导员找其谈话，丁某认为目前他们所学的教材相当陈旧，早已跟不上时代的需要，并且学校的培养方案也有问题，建议学校取消这两门课程。辅导员认为丁某思想认识有问题，自己学习出了问题，首先不是查找自身的问题，而是把一切都推给了外部因素，对其进行了思想教育，肯定了其在学习上付出的努力，但是建议其摆正心态，调整学习方法。大二第二学期，丁某就经常到辅导员办公室跟辅导员反映寝室哪些同学喜欢玩游戏，哪些同学经常睡懒觉，哪些同学又逃课了，对班上很多同学的行为进行一一评价，一直喋喋不休，辅导员开始察觉到该生的异常，安排班干部和寝室同学多留意丁某。几个星期后，辅导员突然接到班干部电话，说丁某在上课时突然从座位上起身，走到任课老师面前说一些奇怪的话语，并突然在教室大喊大叫，行为非常怪异。辅导员和学院的分管领导立即赶到了现场。由于其有明显的暴力倾向，学校还联系了保安和心理咨询中心老师立即赶到现场。咨询中心老师和丁某的交谈时，丁某多次推桌子和摔椅子，表现得非常狂躁。心理老师建议立即送医。辅导员马上联系家长，告知情况，家长在外地无法及时赶到。鉴于丁某的情绪极度失控，辅导员在取得家长的授权同意后与学校的保安一起将丁某送往了医院。医生诊断为急性精神障碍，需要立即住院治疗。翌日，丁某的母亲赶到医院，跟医生了解了大致情况以后，给学生办理了休学手续。一年后学生复学，在学院党政领导、辅导员、任课老师共同的关心和帮助下完成了大学期间的学业，顺利毕业。

二、案例分析与处理

本案例是学生心理问题引发的突发事件，发病急，症状明显，发病立即就医治疗，后期恢复状况良好。辅导员在案例中进行了以下处理。

1. 第一时间赶往事发现场

得知学生突发情况后，学院分管领导和辅导员立即赶到现场，确保发病学生人身安全。稳定课堂其他同学的情绪，由任课老师继续上课。

2. 联系心理老师对学生进行访谈评估

学生精神病性症状明显，需要立即到专门的医院科室就诊。

3. 跟学生家长做好沟通

因学生情绪已经严重失控，随时都有伤害他人和自伤的可能，等不到家长从外地赶来，必须立即就医，遂得到家长的委托以后，由辅导员和学校保卫处安保人员一同将学生送医。

4. 办理休学手续

根据以上建议，学生必须住院治疗，精神类疾病的治疗周期较长，建议家长在学生情况稳定后，接回家继续治疗，所以需要办理休学手续。

5. 康复复学返校后的持续关注和关心

由于心理疾病复发的可能性极高，学生在休学结束复学返校后，学校各方面都持续关注，要求学生坚持到医院复诊，在学校心理咨询中心进行定期的心理辅导，辅导员定期约谈。同时需要发挥朋辈互助式心理服务系统的重要作用，由学生党员、学生班团干部、心理委员、寝室长等人员组成的心理服务队伍，对丁某进行密切的关注和帮扶。

三、教育案例反思

1. 心理异常学生需要单独建档，做到重点学生"一生一册"

在辅导员交接工作时，无论学生是否在校，都应将特殊情况的学生向新接任的老师进行交接。学校心理咨询中心对于新生入学心理筛查异常的学生，也需要定期进行梳理，跟踪动态，确保无一遗漏。

2. 关注学生的异常行为，辅导员应加强心理学相关专业知识的学习，及时识别

双相情感障碍又称躁郁症，这是一种既有躁狂发作又有抑郁发作的心理障碍。抑郁发作期的患者可能出现抑郁症的种种表现，比如情绪低落，兴趣减退，精力不足，悲观、厌世等，而在躁狂发作期，患者的情绪和行为又会达到另一个极端，这时患者的情感异常高涨，往往自我感觉良好，语言增多，严重时会语无伦次或者显得易怒。在本案例中，丁某情绪异常亢奋，喋喋不休，这是很明显的心理异常的表现。学校需要对辅导员进行心理疾病识别等心理学方面的专业知识的培训。小丁早期出现认知偏差，以及找辅导员喋喋不休地说个不停的时候，就已经表现出了异常，当时就应该及时转介心理咨询中心。但是由于辅导员不懂相关专业知识，未能及时发现并转介心理中心，未做到早发现、早干预、早治疗。所幸并未发生严重的伤亡事件，对此，应吸取相关经验教训。

3. 做好心理委员等学生干部的培训工作

高校可建立朋辈互助式心理服务和危机干预系统，成立一支由对心

理学感兴趣，有良好的洞察能力，愿意接受心理学相关知识培训并乐于为同学们服务的优秀学生组成的朋辈互助式心理服务队伍。这支队伍在选拔时除了要考察学生的综合素质以外，还应考虑到分布的均衡性，应使他们在各专业各个学生寝室都有自己的信息员。我们可以称这些同学为互助员。当学生在日常生活中出现异常情况时，一般身边的同学是最先发现的，所以互助员起着举足轻重的作用。当学生只是普通的情绪不稳定的时候，互助员对他们来说是同学，是朋友，朋辈的劝导往往能起到立竿见影的作用。若是比较严重的情况，互助员发现以后自己不能及时处理，可以立即上报辅导员，由学校老师进行干预，能保证一定的时效性，做到早发现、早干预。

案例十八
抑郁症引发的突发事件

一、案例简介

某高校期末考试期间，某天 20：00 左右，辅导员接到知识产权专业班长的电话，班长称本班学生王某好像情绪不对，王某在微信朋友圈发了一条"六楼一跃一身轻"的言论，三分钟后就删除了。结合平时王某的表现，该班班长认为不像是开玩笑的说法，所以立即报告了辅导员。因不了解王某的具体情况，辅导员先安排班长以统计离校时间为由，各寝室走访统计，找个理由在王某寝室停留，尽量与其多交流。与此同时，辅导员联系王某同寝室同学，询问王某情绪是否稳定，近期是否有什么突发事情。寝室同学称王某看着挺正常的，没觉得有什么异常，现在就在寝室。辅导员为了不引起王某的抗拒，没有直接电话联系王某询问朋友圈的内容，而是 QQ 发消息询问其期末考试什么时候结束，打算什么时候回家，期末考试考得如何等问题，试图能从 QQ 交流中发现一些端倪。王某很快就回复了辅导员的信息，称还有一门就考试结束了，但是考得不太好，以前的高等数学已经挂科了，正考和补考的分数都很低，现在有点焦虑，担心这学期有些科目又会挂科。辅导员先在 QQ 上安慰王某，帮助其疏导考试期间的紧张情绪。通过与辅导员的交流，学生在 QQ 上称自己没那么焦虑了，感谢老师的鼓励。班长通过与王某的交流以后也向辅导员反馈，交流的过程中感觉王某情绪比较低落，也是担心考试考不过，但是总体来说，还算比较稳定。辅导员特意交代了王某同寝室的同学对其进行密切关注，不要让王某一个人单独行动。随后，辅导员又联系了王某的家长，告知家长王某朋友圈的内容以及王某现在情绪好像不太正常，询问近期家里是否有突发情况，建议多关心和留意。家长表示家庭一切正常，并无任何变故，还告知辅导员王某经常会发这种轻生想法的朋友圈，他们都习惯了，并劝老师放心，称王某只是说说而已，并不会做什么伤害自己的行为。通过与家长的沟通辅导员进一步得知，王某在高中时就已确诊为抑郁症，也在医院进行过住院治疗，出院以后服药断断续续，孩子总认为自己好了，就擅自停药，发现情绪不对了，又开始吃药。父母并未认识到抑郁症复发的严重性，也不能监督王某按时服药。

翌日，辅导员找到王某面谈，沟通还比较顺畅，王某坦然承认确实自己经常有轻生的想法，但是还不敢真的那么做，这次突然又发这样的朋友圈是因为又停药了。辅导员询问其停药的原因，学生称因为吃药导致她反应变慢，记忆力下降，现在是期末考试阶段，她想停药以后自己也许复习效果更好，能考得好点。自己也知道擅自停药以后抑郁症会复发，但是学生自认为自己可以控制住自己的情绪。并且夏天到了，她觉得自己太胖了，自我感觉是吃药的副作用导致自己发胖，所以就停药了。辅导员听了学生擅自停药的理由以后，首先对其认真复习备考的态度表示肯定和表扬，帮助其疏导考试期间的紧张情绪，鼓励其认真备考，并安排一名学习成绩优异的同学帮助王某梳理考试重点，陪同王某一起复习备考，帮助她建立复习和应考自信心。其次，分析停药后抑郁症复发的危害性，希望王某正确认识抑郁症的治疗过程。然后，将王某转介到心理咨询中心，由专业的心理老师对其进行专业的心理咨询。最后，再次联系王某的家长，希望家长务必重视王某的病情，督促孩子定期到医院复诊，按时服药，并建议家长在王某回家后立即带她去医院就诊，因为擅自停药，学生情绪呈现不稳定状态，需要尽快到医院进行重新评估治疗。

通过寝室同学的陪伴、辅导员的关心、心理老师的约谈，王某总算平安渡过了期末考试的最后几天，考试结束后，王某给辅导员QQ留言，称谢谢老师这几天的帮助，她马上就离校回家了。辅导员为了了解学生的就医情况，就在其离校后的第二天与家长联系，想询问是否带其去医院就医等情况。没想到家长说孩子根本就没回家，她们以为孩子还在学校。瞬间，学校和家长都异常紧张。辅导员和家长拨打王某的电话，虽然能够接通，但是已经是无人接听了。QQ和微信发消息也不回，辅导员立即询问寝室同学，同学称她们是一起从学校去的火车站，她们是在火车站分别的，分开时没觉得王某有任何的异常。寝室同学上车后还给王某发了消息，王某还回复了下学期见的。一时间，家长、老师、同学，都不停地拨打王某的电话，见其不回复，只能给王某留言。辅导员建议家长在家附近寻找一下，并且询问王某以前关系好的同学是否知道王某已经回家了。经过几个小时的寻找，正当大家一筹莫展，准备报警时，王某的家长联系辅导员称孩子找到了，和高中同学在一起。据高中同学转述，王某觉得生活没有意义，想结束自己的生命，但是不想给学校惹麻烦，也不想死在家里让家长看见，就住在老家火车站附近的宾馆，想了很多种自杀的方式，但是还是很害怕，就联系了高中最要好的同学。高中同学赶到后，就立即联系了王某家长。王某家长称他们马上去接孩子，立即带去医院，并向辅导员道歉，确实是家长没有足够重视，差点酿成不可挽回的悲剧。

二、案例分析

本案例是学生因抑郁症发作想自杀，最终未遂的典型案例。抑郁症是当代大学生中比较常见的一种心理疾病,常常表现为各种焦虑抑郁现象，比如过度担心、过度自卑、过度没有兴趣，不想出门、不想做事，觉得自己思维比较迟滞、反应比较慢，严重的时候觉得活着没意思，有时候控制不住想到生和死，更严重的时候想到自杀等这些症状。王某期末考试期间擅自停药，导致抑郁症复发，表现为认为自己胖，过度自卑，认为自己服药后思维比较迟滞、反应慢不利于期末复习，对于期末考试挂科表现出过度的担心，并想到自杀等症状。

三、案例处理过程

（1）辅导员及时通过班干部和身边同学了解王某情况，并安排寝室同学对其进行 24 小时的密切关注。

（2）联系家长，告知目前学生表现，了解既往病史等情况，希望家长多给予关心。

（3）及时见面约谈，疏导紧张情绪，同时转介到心理咨询中心。

（4）学生离校后针对其就医情况进行跟踪了解，若此案例中辅导员认为学生已离校，就不再继续关注的话，学生可能会突发意外。

四、教育案例反思

1. 心理异常学生需要密切关注

当得知其有轻生想法时，应及时联系家长到校，进行陪护和就医，而不是看表面上学生情绪尚且稳定，就不采取紧急措施。

2. 朋辈互助非常重要

本案例中首先是班长发现了王某朋友圈的异常，及时报告了辅导员；其次是同寝室同学的密切关注和优秀同学在学习上的帮扶，才维持了学生在校期间的稳定；最后，王某在孤独无助时，找了社会支持系统——高中关系很好的同学，这种朋辈的力量，让学生失联后家长能够及时找到学生。

3. 从本案例可以看出，王某的家庭亲子关系存在一定的问题

当王某离校后，不愿意回家，在最需要亲人关心关爱时，没能向亲人求助。在心理异常学生的心理咨询过程中，若发现亲子关系不正常，应该加入家庭治疗，这样对于学生的康复能事半功倍。

4. 完善心理异常学生建档，不能仅依靠于新生心理普查

应多渠道发现，建立朋辈互助式心理服务系统，发挥朋辈的力量。在每个寝室都安排观察员、信息员，从平时的细微处着手，早发现、早报告、早治疗。案例中该生在高中时期就患有抑郁症，但是新生的入学心理健康普查并未筛查出来，也许是因为当时按时吃药，学生情绪稳定，也许是因为该生已经有就医经验，做过相应的量表，故意回避问题。学校由于不了解学生的病史，所以也未在前期进行有效干预和密切关注。

案例十九

心理异常学生拒绝就医怎么办？

一、案例简介

罗某，一名大三女生，在学校每学期开学全覆盖的心理筛查测试中被发现存在抑郁和自杀倾向。其 SCL-90 量表测试分数高达 290 分，心理咨询中心的老师对其直接进行了约谈。据学校心理咨询中心反馈，该生目前处于抑郁与烦躁的状态，需要尽快就医，由专业的医生进行诊断并根据实际情况采取必要的治疗，建议辅导员立即与家长联系。

辅导员为了更了解学生的情况，在通知家长前先与罗某进行了谈心谈话。整个交流过程中，学生沉默寡言，交流不畅，但能明显感受到罗某的情绪低落。罗某对于辅导员的询问多数采取不回答的方式，并多次强调自己一切正常，不需要学校的帮助。辅导员与罗某的第一次约谈很不顺利，于是辅导员联系了罗某的母亲，想从家长处了解一点学生的信息，但是罗某的母亲一听辅导员说到孩子心理测试异常，可能存在心理问题，就情绪很激动，称自己的孩子没有问题，很正常，还称自己已经与罗某的父亲离婚了，罗某父亲才是监护人，以后有事直接找罗某的父亲。辅导员又联系了罗某的父亲。这次辅导员汲取与其母亲联系时的经验教训，没有直接告知罗某心理测试异常的事情，而是以电话家访为由，想了解一下孩子从小到大的学习情况和成长经历，并通过与父亲闲聊的方式很自然地过渡到学生目前在校期间的表现。从罗某父亲处得知，罗某的父母在罗某初中时离异，法院将罗某的监护权判给了父亲，但是罗某在父母离异以后就表现得非常叛逆，经常与父亲争吵，亲子关系差。罗某有时候对其父亲甚至有一种仇视的态度，认为父母离异是父亲造成的，害她没有一个完整的家庭，被同学嘲笑。罗某的父亲也很无奈。在多次争吵以后，罗某经常离家出走去找自己的母亲，母亲知道罗某与其父亲发生争吵以后，又会找到罗某的父亲大吼大叫，经常到家里来闹，罗某的父亲称自己生活得也很痛苦，不知道怎么和孩子相处，也不知道怎么处理自己和前妻的关系，希望学校的老师多关心照顾一下罗某，自己是没有办法管教的。在了解了学生的家庭亲子关系和成长史以后，辅导员告知罗某父亲，罗某在学校的心理测试中显示出了异常，建议其到校带孩子去专科医院检查一下。罗某的父亲也同母亲一样，称自己的孩子虽然叛逆，但是心理绝对没有问题。而且自己在广州，离学校又远还要上班等。说了很多的理由，就是拒绝到校。第一次家校联系，辅导员虽然掌握了一些罗某家庭的情况，但是并没达到理想的沟通效果，父母均不承认自己孩子存在问题，也不愿意到校带她去医院就医。辅导员又从罗某身边的同学入手，了解罗某平时的表现。从寝室同学处得知，罗某有一段时间一直在吃药，但是药瓶她们一直没见过，好像神神秘秘的，平常与同学的话也不多。但是知道罗某与本学院另一个专业的同学关系很好，好像以前是高中同学。辅导员交代寝室同学，最近密切关注罗某，如有异常及时联系辅导员，并对此事保密。辅导员想办法找到了罗某的高中好友张某，希望张某能帮助开导罗某，劝罗某尽快就医，并多关心罗某近期的情绪变化，多陪伴罗某。辅导员将罗某的相关情况向分管领导进行了汇报，并与学校心理咨询中心一起商量对策。咨询中心的老师与罗某约定好，每周固定时间到学校心理咨询中心进行咨询。

几日后，辅导员突然接到罗某寝室同学的电话，称罗某在寝室哭泣，并用尺子割腕，还用笔尖划自己的手臂，同学们进行制止时，罗某爬上了上铺，寝室同学也不敢继续上前，不太清楚罗某受伤的情况。辅导员接到消息后，就立即联系了校医院和安保办，在赶往学生寝室的途中在电话中向学院领导简单汇报了一下情况，领导指示在控制好现场情况以后立即联系家长到校。

辅导员赶到学生寝室后，先让校医院和安保办的工作人员在寝室门口等候，担心陌生人太多，又进一步刺激到学生。辅导员进入学生寝室时，罗某已停止自伤行为，坐在上铺的一个角落发呆。辅导员关切地呼唤着罗某的名字并安抚其情绪，询问她是不是受伤了，建议罗某从上铺下来，由医护人员帮她包扎一下。罗某先是不理会，辅导员轻声地安慰罗某："罗××，你别害怕，我们是来帮你的，你让老师看看你的伤口好不好？你疼不疼呀？"面对辅导员关切地反复询问，罗某终于开口说："老师，你回去吧，我不疼，没事了。"辅导员多次交流，罗某也不愿让老师查看她的受伤情况，也不愿让老师帮其包扎。此时辅导想起罗某的好友，立即通知张某来罗某寝室。在好友张某的陪伴和劝慰下，罗某终于自己从上铺下来，坐在了椅子上。因为自伤的工具不算锋利，罗某受伤程度并不严重，医护人员进入寝室帮其消毒和包扎伤口，辅导员见其情绪暂时稳定了，就让校医院和安保办的工作人员和寝室同学先离开，自己陪罗某在寝室。

辅导员再次尝试与罗某交谈，罗某面对辅导员的关心，不再像第一次约谈那样逃避，而是说出了自己确实有抑郁症，高中的时候去专业的精神疾病治疗机构进行过治疗，一直在断断续续地服药。罗某称现在自己已经好了，老师不需要担心。当辅导员询问罗某为何要做伤害自己的行为时，罗某称自己那么做是为了控制自己的情绪，当自己觉得心里不舒服的时候，自残行为可以带给自己快感，让自己很快脱离低落的情绪，就能恢复正常了。并向老师强调自己不会自杀，只是想让自己痛，并不是想让自己死。辅导员见状再次开导罗某，建议其还是要到医院去再次就诊，高中时的就诊离现在已经好几年了，并且这几年一直没有按时服药，断断续续的，可能病情已经发生了其他变化，用自伤自残的行为来带给自己快感也是不妥当的。经过辅导员的耐心疏导，罗某向辅导员承诺，自己不会再做这样伤害自己的行为了。但是依然不愿意去医院，称自己有药，马上按时吃药就可以了。辅导员询问罗某是否可以将正在服用的药品拿给老师看，罗某从锁着的抽屉里拿出一个药品分装盒，并无药品的原包装瓶子。罗某称是因为害怕同学知道自己有精神疾病，所以药打开了以后就倒出来了，原装药瓶已经扔掉了。辅导员见学生不配合自行到医院就医，认为还是得与家长联系，在跟寝室同学交代好注意事项后，辅导员离开了罗某的寝室。

辅导员再次与罗某父亲联系，告知罗某已经出现了自伤自残行为，如果再不及时就医，后期可能会有生命危险，并且辅导员已经见到了孩子正在服用的药物，孩子也承认高中时期就已发病，建议家长尽快到校。罗某父亲见已经无法再隐瞒，就告知辅导员，其实罗某的母亲也患有精神疾病，治疗了很多年也不见好，二人天天在家吵架，为了给孩子一个健康的生活环境，他迫不得已才和罗某的母亲离婚的。但是罗某认为是父亲抛弃了母亲，导致父女关系恶化。经过辅导员的沟通交流和耐心劝导，罗某父亲愿意到校来带罗某去医院就医。由于父女亲子关系不好，辅导员建议罗某父亲到校前不要告知罗某自己将到校带其去就医，以免发生意外事件。

辅导员将罗某的详细情况形成书面报告上报了学院，学院领导指示在家长到校接走学生前，务必确保学生的人身安全。辅导员安排了宿舍同学24小时密切陪同罗某，不让罗某独处。自己每天QQ与罗某保持联系。在罗某家长到校前的几天时间里，罗某一直情绪稳定。几日后罗某父亲到校，辅导员先将罗某父亲带到办公室，告知一些注意事项，希望父亲能和学校一起耐心劝导孩子，让孩子自愿跟随家长到医院就医，尽量不要采取强制措施。同时，希望罗某父亲不要责怪孩子，不要和孩子起冲突，孩子生病了需要家长的关心关爱。在交代好一切注意事项后，辅导员让寝室同学陪同罗某到学院的心理咨询室，罗某一进房间，看见父亲在，情绪立即失控，大声质问："你来干什么？谁让你来的？"父亲还没开口，罗某立即用责怪的眼神看向辅导员，并问道："是不是你让他来的？你让他走，马上走！"辅导员见状立即安慰罗某，想让其先坐下，再慢慢谈。但是罗某情绪非常激动，立即朝门口跑去，幸亏房间大门是锁住的，辅导员一把抓住了罗某。辅导员只得先让罗某父亲暂时离开房间，自己把罗某情绪安抚好以后再谈。罗某因为辅导员未征得自己的同意就通知其家长到校，对辅导员很是怨恨，并表示不会再信任辅导员了，也不想再和辅导员交流。辅导员多次努力尝试沟通，均无效果，无奈之下请来了学校心理咨询中心一直跟进罗某情况的心理老师。

心理老师在与罗某沟通以后告知辅导员，罗某亲子关系不正常，需要针对罗某和父亲进行家庭治疗，单方面针对学生的心理咨询起效甚微。罗某的父亲表示愿意配合学校进行家庭治疗，但是罗某异常抗拒，不愿意与父亲待在一起。为安抚罗某情绪，咨询老师先让父亲离开，将父女俩先分开进行家庭治疗，等双方关系稍有缓和以后，再一起进行咨询。经过学校心理咨询中心的心理老师对罗某父女俩进行了为期一个星期的家庭治疗后，双方关系得到了一定的改善，罗某愿意自行到医院就医，但依然不愿让父亲或是老师陪同，说自己可以将医院的结果拿回来给学校老师查看。学院党委副书记认为学生既然愿意自行就医，那就尊重学生，等医院检查结果出来再说。但是出于对学生安全的考虑，还是要求父亲陪同学生到医院，在诊室门口等候，不进入诊室，最终双方谈妥。罗某就诊后，医生诊断为抑郁症复发，需要长期治疗。学校建议学生休学，但是学生认为休学后要天天面对父亲，不愿意休学。罗某父亲也担心休学会影响学生的学习年限，担心对毕业、就业有影响，也不愿意替学生办理休学。学院副书记、副院长都向罗某和罗某父亲说明了因病休学的学校相关管理规定，并强调不会影响学生的毕业和就业等，但是父女俩均不接受。最终学校讨论决定，让罗某的父亲写下安全承诺书，罗某写下定期到医院就诊、按时服药、不再做自伤自残甚至自杀等行为的保证书，让罗某在康复期暂时留校学习。

对于罗某这种拒绝休学的心理异常重点学生，学校心理咨询中心老师定期对其进行心理咨询，辅导员督促其按时复诊就医和按时服药，辅导员和学生干部、寝室同学一起时刻注意罗某的动态，宿舍同学经常约罗某一起上课、上自习、逛街、外出游玩，罗某的父亲也经常给罗某发微信关心她，罗某的社会支持系统逐渐建立。在罗某寒暑假放假期间，罗某父亲也带罗某到当地的医院进行家庭治疗。在学校—家庭—医院三方的共同努力下，罗某在接下来的校园生活中未再出现自伤行为，情绪也一直较为稳定，最后顺利毕业离校。

二、案例分析

本案例是学生因心理问题出现自残行为，且拒绝就医的典型案例。如何让学生就医，是本案例的关键所在。案例中学生家长有意回避学生的心理问题，家庭亲子关系不正常，是学生产生心理问题的重要原因，所以家庭治疗是非常必要的一种治疗方式。就医后学生和家长均拒绝休学，康复期内在校坚持学习，就需要多方给予特别的关注。心理疾病也并非无药可治，只要患者定期到医院就诊，按时服药，抑郁状态是能得到明显缓解的。朋辈互助在此案例中也起到了相当重要的作用，抑郁症患者往往存在多思、忧虑的情况，罗某寝室同学经常陪伴罗某学习、课外娱乐，让其生活得很充实，并无闲暇时间胡思乱想。

三、案例处理措施

1. 立即赶赴现场，确保学生人身安全

在得知罗某出现自伤自残行为时，辅导员立即赶到现场，紧急处置。根据情况通知医护人员和安保人员。同时为学生寻找社会支持，罗某与张某关系好，有知心好友陪伴和疏导。罗某的情绪及时稳定。

2. 联系家长，告知情况，尽快就医

3. 转介心理咨询中心

当学生出现心理疾病，辅导员掌握的心理学知识不足以处理此类危机事件时，需要学校心理咨询中心心理老师和专业的精神科医生协助一起处理。

4. 充分利用好朋辈的强大力量，安排罗某好友和同学陪伴安慰罗某

在学生家长到校将学生送医前，需要对其全天候密切关注，谨防意外发生。

5. 家长到校，接待家长并协商相关事宜

协助心理中心老师做好家庭治疗，由于学生和家长拒绝休学，还需签订相关安全协议和承诺书。

四、教育案例反思

1. 加强大学生心理健康教育的宣传，让全体大学生都了解心理健康的基本知识，并且正确认识心理和精神方面的疾病

患病的同学不要讳疾忌医，其他同学也能正确看待身边生病的同学，做到不歧视，并且能够主动关心、帮助患病同学。

2. 建立朋辈互助服务队伍

加强对朋辈互助员的专业技能培训，在学生出现心理异常或发生自伤行为时能第一时间发现并及时上报辅导员，并做好陪同安抚工作。

3. 辅导员在与家长联系时，要注意沟通的方式方法

在不了解学生家庭背景的情况下贸然告知家长学生存在心理异常，可能会遭到家长的强烈抗拒，甚至会导致家长刻意隐瞒很多重要信息，不利于事件的顺利处理。

4. 学校应完善突发事件处理的相关制度，辅导员要加强相关法律法规的学习

罗某出现了自伤自残行为时，根据《中华人民共和国精神卫生法》第二十八条规定：疑似精神障碍患者发生伤害自身、危害他人安全的行为，或者有伤害自身、危害他人安全的危险的，其近亲属、所在单位、当地公安机关应当立即采取措施予以制止，并将其送往医疗机构进行精

神障碍诊断。根据法律规定，学校是可以在学生出现伤害自身行为时将其送医的。但是本案例中因为学生本人不同意，学校并未及时将学生送医，若学生在此期间发生了意外伤亡事件，学校是否需要承担相应的责任，也是值得思考的问题。同时，学生本人不同意自行就医，若学校发现其有自伤行为后，强制送医，是否又会引发其他的问题，这也是高校学生工作者面临的非常棘手的问题。

案例二十
敞开心扉，接纳阳光

一、案例简介

小黄同学，家中父母健在，父亲有精神病史，本来不愿意读大学，但是在亲姐姐的努力劝说下，还是选择到大学报道。小黄同学在高中的时候就被检测出来有轻度的抑郁症。小黄在高中时期每天按部就班地学习，很少与人交流，姐姐在外务工，因此主要是在网络上与姐姐进行交流。小黄很听姐姐的话，姐姐经常帮助小黄解决困难，在一些人生选择方面，他也是依靠姐姐做决定，与父母闹矛盾后，也是姐姐在中间进行调节，维护家庭和谐。

小黄刚进入大学后，就对大学的生活环境以及学习方式表现出了极大的不适应。小黄同学是本地人，但是因为小黄父亲的原因以及他自身患有轻度的抑郁症，家里人担心，因此中学时期一直都是走读。到了大学，家里和学校距离很远，只能选择住读。小黄有时候很不适应很多人同时在寝室，大多数时间会躺在床上玩手机，后面手机玩腻了就盯着天花板发呆，也不与寝室室友交流。小黄上课从不迟到早退，总是准时出现在教室，在教室的角落安安静静听老师讲课，但是有时候会走神，做笔记也不知道写什么，就静静地看着老师发呆。他不愿意与同学们交流，经常处于自我封闭状态。开学期间班长需要统计各种各样的信息，但是班长每次都联系不到小黄，次次都需要联系小黄寝室的室长，然后让室长传达给小黄，小黄才会回复班长的消息，班长觉得工作开展很困难，于是向辅导员反映小黄的情况。

辅导员通过开学时进行的新生心理健康筛查发现小黄是心理一级预警学生，因此一直在关注小黄的生活和学习状态。与小黄交流时发现小黄其实是一个非常爱学习的学生，每节课都认真听讲，但是大学的学习方式和高中不同，小黄有时候很难跟上老师的节奏，觉得老师讲得很快，而且不知道怎么做笔记，也不知道学什么。感觉老师讲课全是重点，但是又都听不懂。长此以往，小黄不懂的知识点越来越多，他开始上课发呆，有时候会打瞌睡。辅导员通过与小黄接触，也发现小黄反应比较慢，有些事情小黄能够理解，但是需要时间。所以辅导员打算安排学生对小黄进行一对一的学习帮扶，刚好这时候班长来找辅导员反馈小黄的情况，希望辅导员能够督促小黄及时回复消息。辅导员告知班长小黄同学在学习方面的困难，班长自告奋勇，愿意成为小黄同学的帮扶人，在学习方面帮助小黄，同时希望加强与小黄的沟通和交流，这样小黄同学也可以在工作上面积极配合班长。辅导员在与小黄的经常性谈心谈话中也取得了小黄的信任，小黄在遇到困难的时候，也会主动向辅导员寻求帮助，愿意向辅导员倾诉内心。

在辅导员和班长的帮助下，小黄适应了大学的学习方式，每个科目都及格了，虽然小黄身边依旧没有朋友，但是小黄有时会主动和室友沟通交流，聊一聊学习，辅导员或者班干部在群里通知了什么消息，小黄也会在寝室群里面转发，提醒寝室的室友。时间一晃而过，小黄已经是毕业年级的学生。小黄的情绪有时很低落，整日都处于低迷的状态，晚上经常性失眠，一直到凌晨两三点才能睡着，作息不规律，室友也感觉小黄最近状态不对，及时向辅导员反映。辅导员通过与小黄交流发现，小黄是因为上个学年有一门科目挂科了，需要在毕业前进行清考，小黄觉得上学年这门科目就直接挂科了，清考更难合格，因此很担心能不能毕业，同时还面临着就业的压力，所以很焦虑。辅导员对小黄进行了安抚，帮助小黄树立信心，告诉他在班长的帮助下认真学习，不遗漏知识点，清考是可以合格的，同时给小黄推送一些就业消息和就业小技巧，帮助小黄正确认识自我，保持积极的就业心态。小黄在老师和同学们的帮助下，修满了毕业所需学分，满足毕业要求，顺利毕业。同时经过不懈努力终于找到了满意的工作，小黄有了新的人生目标，慢慢地学会了与其他人进行沟通交流，对未来的人生充满了希望。

二、案例分析

1. 高中学业压力过大，有轻度的抑郁症

在大一新生入学的心理健康筛查中，辅导员发现小黄是心理一级预警学生，随之建立了心理档案，定时与小黄进行谈心谈话，发现小黄的轻度抑郁症是因为高中学业压力过大产生的。在其他人看来，小黄每天只是按部就班地完成作业，对学习没有很高的热情，其实小黄非常愿意学习，最开始打算不读大学也是因为担心自己跟不上学习进度，最后不能毕业更让人失望。

2. 内心自我封闭，不愿意与人交流

小黄反应比较慢，在高中的时候很少有同学愿意和他交流，加上高中的学业压力，小黄都是默默一个人学习。到了大学，小黄习惯了独来独往，很少与室友以及班级同学进行沟通交流，喜欢一个人独处，有时候也不看手机，静静地盯着一个地方发呆。同学们因此觉得小黄比较难相处，没有同学主动与小黄进行交流，小黄也觉得其他同学的爱好他都不喜欢，没有共同话题。

3. 不适应大学的学习方式

小黄更加喜欢高中的学习方式，老师安排好学习计划，小黄只需要跟着老师的节奏慢慢学习。但是大学的上课方式和高中不同，每节课的学习内容很多，而且更加复杂和专业，小黄一个人很难捋清知识点，需要有人帮助。

4. 面临就业与毕业的双重压力

小黄在上一学年有一门科目挂科，担心自己不能修满学分，拿不到毕业证，而且还面临着就业的压力，小黄十分焦虑，每天晚上都会失眠，凌晨两三点才能睡着，作息不规律。

三、教育方法

1. 定期谈心谈话，建立心理档案，持续跟进

在知道小黄是心理预警学生之后，辅导员迅速建立小黄的心理档案，定期与小黄进行谈心谈话，同时走访小黄的寝室，了解小黄的学习情况和生活情况，做好后续跟进工作，防止学生病情加重。在建立了和小黄同学的师生信任关系后，小黄在遇到困难的时候，会主动向辅导员寻求帮助，辅导员耐心倾听小黄的诉说，帮助小黄解决实际问题，进行心理疏导，在必要的时候告诉小黄主动寻求学校专业心理老师的帮助，缓解不良心理症状。

2. 朋辈帮扶，携手共进

人是具有社会群体性的，小黄一直封闭内心，不与人交往，是一种不正常的状态。辅导员充分调动学生干部、党员和积极分子主动与小黄进行交流，引导和帮助小黄融入班集体，在生活上多帮助小黄，在班级活动的时候多注意小黄的反应，调动小黄的积极性，室长也多组织聚餐、出游等寝室成员活动，让小黄感受到集体的温暖和同学对他的关心和爱护。

3. 针对学习方面的困难，结成一对一学习帮扶小组

小黄刚入学的时候，喜欢一个人静静发呆，班长的消息他有时候没有及时看到，班长需要通过小黄身边的同学才能向他传递消息。在得知小黄有学习方面的困难后，班长主动申请成为小黄同学的学习帮扶人，在帮助小黄学习的同时加强与小黄的联系和沟通以更好地推进工作。小黄在班长的帮助下，大部分科目都及格了，在清考之前，班长也为小黄制定了学习计划，帮助小黄顺利度过清考，拿到学分，还积极给小黄推送相关的就业信息，帮助小黄扩大就业选择面。

4. 家校联合，助力成长

小黄的心理问题需要告知他的父母和姐姐，寻求家长的支持和配合，

加强家校合作。小黄平时很少与父母进行交流,与姐姐相处时也是报喜不报忧。辅导员嘱托家长在平时多与小黄进行视频或者语音通话,加强沟通,了解小黄在学校的生活和学习情况,让小黄感受到家的温暖,帮助学生形成正确的自我评价,培养积极乐观的心态。

四、教育效果

经过辅导员与小黄的经常性谈心谈话,小黄与辅导员建立了信任关系,在学习、生活中有困惑时都会主动与辅导员进行沟通交流,及时解决问题。在班长的一对一帮扶下,小黄适应了大学的学习方式,在班委和室长的共同努力下,小黄开始与同学进行简单的交流。在毕业那一年,小黄因为上一学年有一门科目挂科,在毕业和就业的双重压力下,非常焦虑,晚上经常失眠,导致作息不规律,但是在老师和同学们的帮助下,清考全部合格,修满毕业所需学分,满足毕业要求,顺利拿到了毕业证。小黄树立积极的就业观,找工作虽然困难,但是在他的坚持不懈下,终于找到了一份满意的工作,完成了从学生到社会人身份的转变。在人生新的起点上,小黄树立了人生理想和目标,保持积极乐观的心态,迎接新的挑战。

五、教育案例反思

1. 做好心理问题的初步排查和疏导,建立一人一档的心理档案

每一学期都要扎实开展学生心理健康问题筛查工作,及时掌握需要重点关注的学生,早发现,早预防,早干预,对重点关注学生建立心理追踪档案,做好后续跟进,及时提供有效的帮扶工作,定期与学生进行谈心谈话,掌握学生的学习和生活情况,对学生进行心理疏导,解决心理问题,防止病情加重。在必要的时候,建议学生去看学校专业心理老师或者校外专业的心理医生,寻求科学、专业的帮助。辅导员要与学生的心理医生保持联系,关注学生的治疗情况和近期心理状态,在学生遇到困难的时候,辅导员要耐心倾听学生的苦楚,让学生的情绪得到宣泄,

并且对学生的心理问题及时进行干预和引导，避免危机事件的发生。

2. 建立四级预警机制，及时发现问题，解决问题，及时了解学生的学习情况

充分发挥宿舍、班级、学校、家庭、社会中各类人员的作用，寻求各方面力量的支持，遵循全员、全方位、全过程的三全育人原则，建立"宿舍—班级—学院—学校" 四级预警机制，完善信息反馈渠道，及时发现问题、解决问题，预防危机事件的发生。加强对班级心理联络员和寝室长心理联络员的培养，充分发挥他们信息员的作用。在重点关注学生需要帮助的时候，班级心理联络员和寝室长心理联络员能够及时发现问题，对重点关注学生进行帮扶，并且主动向辅导员汇报其最近的心理动态。可以通过个别咨询、网络咨询、团体辅导等方式，对部分学生进行心理辅导，做好心理咨询工作。同学、老师和家长共同对重点关注学生进行引导和帮助，使其在生活和学习中处处感受到温暖，才能更有利于其培养健康积极的心态，愿意放松身心，结交朋友。

3. 加强心理健康教育

心理健康教育要贯穿学生的整个学习阶段。定期召开心理健康宣传教育活动，开展心理健康主题班会、心理知识竞赛、心理小报、心理沙龙、心理健康知识讲座等活动，加强学生对心理健康知识的了解，使其知道常见的心理现象，了解帮助心理健康的办法和途径以及心理调适方法。充分利用学校网站、学院网站、微信公众号等网络媒体，大力宣传心理健康知识、排解压力的小技巧等，促进大学生健康成长。在大学生刚入校和毕业时，要引导学生正确认识身份和环境的改变，及时调整自身的状态，积极适应当前的生活环境，出现问题及时向周围人求助。对于毕业生，要开展毕业季心理健康主题教育活动，帮助大学生适应身份的转变，正确认识自我，学会排解毕业季面临的压力，及时对毕业生提供有效帮扶，帮助毕业生正确看待就业心理压力，必要时求助学校的心理健康中心，加强对毕业生的人文关怀和心理疏导。

案例二十一
爱自己才能爱别人

一、案例简介

小张同学在新生入学心理测试时显示异常，学校心理咨询中心通知辅导员要约谈并密切关注他。经过辅导员的约谈了解到，小张幼时父母经商，后来家庭发生变故，父母投资失败，欠了很多外债，父亲也开始沉迷赌博，母亲无奈只得选择了与他的父亲离婚。小张归母亲抚养，夫妻双方各自承担一部分债务。为保障母子两人的基本生活费和小张的学习费用，母亲只得外出务工，争取早日偿还外债。由于母亲外出，小张只能留在当地继续读书，由爷爷代为照顾。由于家里欠的外债和父亲在外面欠的赌债，经常有人带着一大帮人来爷爷家催债，为了给外面讨债的人造成家里没人在家的假象，爷爷把家里所有窗户都用黑色的布盖住，家中房门常年紧闭，有人来时爷孙俩便战战兢兢地待在角落，不敢发出任何声音。有时候催债的人在一阵剧烈的敲门声后还会生气地用石头砸家里的门窗。在这种情况下，小张越来越内向，变得敏感、自闭，最后患上了幽闭空间恐惧症。在高中的时候，由于心理问题加重，他休学一年，病愈后复学考上了大学。因为想远离曾经的生活环境，所以选择了离家很远的南方的一所高校。

在新生报到的时候，所有同学都觉得小张是一个高大、帅气、阳光的男孩。因为出色的外表，小张很快交往了一个女朋友，天天和女朋友在一起，占有欲非常强，甚至为了有更多的时间陪伴女朋友，屡次向辅导员提出换班级的请求。辅导员因为小张换班级的理由不够充分，回绝了小张的请求。因为这件事，辅导员多次与小张谈心谈话，做小张的思想工作，希望小张理性看待恋爱关系。距离产生美，小张和女朋友已经在同一个学院同一个专业，除了上课时间和休息时间，两人都可以在一起，还可以一起去教室学习。上课时间的略微不同，小张和他的女朋友就可以有更多的时间和自己的好朋友相处，维护自己的交友圈。小张在辅导员和他女朋友的共同劝说下，不再申请调换班级。

但这时小张的寝室开始出现矛盾，寝室一共六人，小张是比较爱干净的，将自己的东西收拾得非常整洁，但是其余室友的袜子和鞋子乱丢，小张觉得有异味，感觉不舒服。寝室成员的作息时间也不一样，小张习惯在夜深人静的时候看电影，看到凌晨两三点睡觉，这时候室友的打呼声音很大，小张在这种声音下很难入睡，睡眠不足让小张情绪比较暴躁。小张母亲因为过度劳累也生病了，需要做一个手术，以后也需要一直吃药进行治疗，这让小张的家庭雪上加霜。这些都让小张变得越来越暴躁。

一天，小张的女朋友点了外卖，让小张去校门口拿，因为下雨，小张耽搁了一会儿，这时小张的女朋友便打电话来催促，小张领到外卖后赶紧给女朋友送去，他的女朋友非常生气，将小张狠狠地骂了一顿。小张虽然生气，但是忍耐了下来。第二天小张在教室外面等待女朋友下课，女朋友和她的好朋友一起有说有笑，假装没看见小张。小张异常愤怒，一把将女朋友拉了过来，力气过大，导致女朋友差点摔倒。两人不欢而散。小张女朋友回到寝室后，发现手臂青了，想到小张平时强烈的占有欲，完全不给自己私人空间，就想和小张分手，又怕小张纠缠，便直接找了自己的辅导员求助。考虑到小张心理方面的特殊情况，两人的辅导员决定与两人好好沟通，看双方的意向，小张向辅导员倾诉，他的女朋友非常以自我为中心，什么都要顺着她，有不合心意的就要打骂他。小张也知道这种关系是不对的，可是他非常自卑，觉得自己配不上女朋友，所以有时候女朋友脾气大，他也就忍了。现在女朋友要分手，他既失落又感觉自由了。紧张的人际关系和恋爱失意让小张萎靡不振，加上上一学年还有两门专业课挂科了，这导致他备受打击。

辅导员让小张尊重对方的选择，既然女生想要分手，强求也没有办法，顺其自然，好好思考这段关系中的双方是否是平等的，树立正确的恋爱观，及时调整自己的心态。回到寝室后，和室友好好聊一聊，制定寝室管理制度，共同维护寝室的干净整洁，也要包容室友不同的生活习惯，互相磨合，珍惜成为室友的缘分，正确处理宿舍人际关系。多关心母亲，如果学费或者生活费方面有困难就提出来，学校有很多政策帮助他解决眼前的困难。努力学习，争取顺利毕业，找到一份满意的工作，为母亲分担压力。

二、案例分析

1. 受成长经历影响，内心自卑

小张同学因为受到成长经历的影响，内心自卑又敏感，还患过幽闭空间恐惧症，在高考的时候选择南方的大学，也是他希望摆脱过去的一种表现。小张非常在意别人对他的看法，将自己收拾得非常整洁，想把最好的一面呈现给大家，不希望大家知道曾经自己的经历，保持自己在大家眼中高大帅气的形象。

2. 人际关系紧张

小张与室友的生活习惯有差异，小张最开始不愿意多包容室友，因为日常生活琐事与室友产生了一些矛盾，没有正确处理宿舍人际关系。小张自身作息不规律，喜欢熬夜看电影，到了想睡觉的时候，觉得室友的打呼声音影响了他的睡眠。每天熬夜，睡眠不足，也让小张越来越萎靡不振。

3. 盲目恋爱，荒废学业

小张在大一期间，盲目恋爱，其余事情一概不上心。在与女朋友相处过程中又因为内心的自卑，与女朋友保持了不对等的恋爱关系，在很多方面多次忍耐，只想讨女朋友欢心。小张沉迷恋爱，心思不在学习上面，没有及时适应大学的学习方式，上课玩手机，与女朋友聊天，下课完全没有想过学习，因此有几门课程挂科，面临不能正常毕业的危险。小张与女朋友分手，宿舍人际关系紧张和恋爱失败，更是让小张陷入了自我怀疑和悲观情绪之中。

三、教育方法

1. 定期谈心谈话，建立心理档案，持续跟进

在知道小张的家庭情况和成长经历之后，辅导员建立了小张的心理问题追踪档案，并定期与小张进行谈心谈话，了解小张的学习情况和生活情况，做好后续跟进工作，同时提醒小张注意周围环境，防止病情发作。建立和小张之间的师生信任关系；教育小张正确处理与室友的人际关系，尊重室友的喜好和生活习惯，保持求同存异的态度，不执着于改变其他人，也不诋毁别人的想法，与室友多分享一些趣事，拉近彼此间的关系。室友打呼也不受自己控制，因此自己想办法解决问题更迅速，可以买一副耳塞，减少噪声，也可以提前睡觉，睡熟之后就听不到打呼的声音了。

2. 心理问题疏导

与小张再次进行谈心谈话，耐心倾听小张内心的想法，了解他的心理状态和情感状态，对小张的心理问题进行甄别和疏导，帮助小张找到自己的闪光点，培养积极健康的交友心态，树立自信和正确的恋爱观。引导小张正确处理恋爱和学业之间的关系，明确人生目标，积极规划大学生活。

3. 朋辈互助，学业心理共帮扶

告知小张毕业的学分要求以及学校关于降级的规定，让小张认识到挂科的严重性，引起小张对学业的重视。安排优秀的朋辈互助员与小张一起梳理挂科的几门课程需要查漏补缺的地方，整理知识点，制定学习计划，监督小张按要求进行学习，争取在补考时能够成绩合格，在未来能够顺利拿到毕业证和学位证，找到一份满意的工作。同时与小张同寝

室的同学谈心谈话，希望大家一起共同帮助小张，大家一起营造良好的寝室环境，并且多与小张一起上课、学习，参加课外活动，分散小张的注意力，让其尽快从失恋的负面情绪中走出来。

4. 家校联合

保持与小张家长的联系，开展家校合作，让家长了解小张最近的心理状况和学习生活情况，共同帮助小张树立信心，走出失恋阴影，坦然理性地面对恋爱问题，重新定位爱情目标，树立正确的恋爱观。

四、教育效果

经过辅导员疏导后，小张决定听从辅导员的建议，在与女朋友分手后，不再打扰她的学习和生活，回归自己的生活，找到生活的意义和目标。主动与室友进行沟通交流，共同制定寝室管理制度，寝室成员一起遵守，共同维护寝室的干净整洁以及寝室关系的和谐。小张开始逐渐改掉深夜看电影的习惯，养成良好的生活作息，尽可能帮助室友做一些事情，积极参加宿舍的集体活动；产生矛盾、遇到问题时不妄加揣测，了解事情的真实情况，表达自己的真实想法，与室友进行沟通交流，尽可能达成共识，与室友的关系更加密切了。分手之后，他有了更多的时间学习，制定学习计划，努力学习，弥补大一遗漏的知识，争取补考及格，不影响毕业。加强与母亲的联系，每天打电话关心母亲，并且向母亲分析自己的生活。

五、教育案例反思

1. 充分用好朋辈互助式心理服务队伍

朋辈互助式心理辅导，不仅可以帮助解决大学生心理方面的问题，也能在学业上对学习困难的学生进行帮扶。朋辈心理互助员经过专业的培训，在倾听、共情、危机洞察等方面均优于普通同学，充分发挥好这支队伍的作用，能让学生教育工作事半功倍。

2. 加强对重点学生的关心关爱，加强对学生情感动态的关注

大部分大学生的思想还不成熟，对于情感的认识大部分来源于家庭、网络及影视作品，当出现情感问题时，其处理问题的方式就会受到家庭和网络的影响，可能做出不当甚至不理智的行为。辅导员应该加强对学生情感动态的关注，无论是目前情感状态平稳的，还是正在产生剧烈变化的，辅导员都应该从谈心谈话、朋友圈、微博等途径了解学生的情感动态，关注大学生的成长。辅导员不仅仅是学生的人生导师，还是学生的知心朋友，要对学生的各方面状况进行充分了解，结合学生实际，帮助学生解决困难。学生处理问题的方式方法有时是冲动的，不计后果的，辅导员应该培养学生的大局意识、责任意识，教育其遇到问题沉着冷静，从全局出发，理清事情起因、经过与计划处理步骤，严守校纪校规，勇于承担后果。

3. 引导大学生树立正确的恋爱观

大学生的思想不成熟，在恋爱中容易遇到挫折，老师和家长要取得联系，形成家校合力，共同引导大学生了解爱情的真谛，树立正确的恋爱观。可以通过主题班会、专家讲座、恋爱咨询等形式，积极开展大学生婚恋教育，帮助大学生树立正确的恋爱观和恋爱动机；进行性教育；帮助大学生摆正恋爱与学习的位置，提高其心理承受能力。教育学生不能因为要谈恋爱而去谈恋爱，保持自身的独立，有明确的个人目标，在奋斗的道路上更有机会遇到灵魂伴侣。在遇到对的人时，尊重彼此，互帮互助，不能将所有时间都花费在对方身上，这样会让对方感觉不自由。如果自己疏远同学，脱离集体，自身的发展就会受到阻碍。不能将自己的生活寄托到对方身上，希望对方多承担，不能功利化地对待恋爱。

4. 鼓励学生探索人生价值，明确人生目标

不能错置爱情的定位，有些同学奉行爱情至上，将爱情放在当前最主要的位置上，荒废学业，这是错误的观念和行为。作为大学生应该正确处理恋爱与人生的关系，在大学刻苦努力学习，积极参加各种活动，在实践中找到人生的方向并为之奋斗。学校在加强爱情观教育，引导学

生树立正确的恋爱观的同时，要大力加强校园文化建设，倡导校园文明，加强学风建设，帮助大学生树立远大的理想抱负，引导大学生以学业为重，积极参加校园文化活动，消除学习的枯燥感，满足其内心情感需求。学校和老师要引导大学生树立明确的人生目标，帮助大学生做好生涯规划，善于接纳真实的自己，发现自身的优点和闪光点，积极探索人生价值，勇于尝试，勇于突破，勇做走在时代前列的奋进者、开拓者和奉献者。

小 结

世界卫生组织的研究报告显示：2020年全球焦虑、抑郁的患者增加了25%。北京大学第六医院陆林院士公布，2021年中国青少年焦虑、抑郁患者增加了30%。据相关权威机构保守统计，我国约1.5亿的青少年中有30%的青少年饱受心理问题的困扰。一些大学生因心理问题而休学、退学的情况不断增多，自杀、凶杀等一些反常或者恶性事件不时见诸报端，社会对大学生心理健康问题非常关注。各大高校已意识到大学生心理健康教育的重要性，为了做好大学生心理健康教育和咨询工作，也正在加大心理健康教育方面的宣传教育、加强师资队伍建设、开设心理健康相关课程、开展心理健康教育主题活动等。但是由于高校扩招，心理疾病患病人数的基数不断扩大，高校专业心理咨询人员的缺口依然巨大。一些学校采取了专兼职结合的方式，通过聘请校外精神科医生、有心理咨询师证书的辅导员兼职等方式进行心理咨询，来弥补专业人员的空缺，尽量做到教育部要求的1∶4000的师生比配备。但是咨询工作量依然繁重不堪，供不应求。

鉴于各大高校心理健康教育专职教师缺乏的问题，各高校可建立朋辈互助式心理服务和危机干预机制，成立一支由学生组成的朋辈互助式心理服务队伍。朋辈心理互助主要是指在学生中选拔一些对心理学感兴趣并且热心于心理健康服务的同学，经过选拔、培训以及监督管理，向需要帮助的学生提供具有心理咨询功能的人际帮助。朋辈心理互助是"同龄人"之间的相互帮助与辅导，彼此之间无论是在年龄、兴趣爱好、情感还是生活方式等各方面都非常接近，这样的心理辅导员的接受度更高，效果也会更好。本篇章的几个案例中，朋辈互助在案例处理过程中发挥了重要作用，这些通过专业培训的朋辈互助员可以在身边同学出现异常时及时发现，同学轻微的心理问题可以第一时间帮助疏导，严重的可以及时上报老师并做好陪伴工作，避免危机事件发生。朋辈互助式心理服务和危机干预机制可以实现大学生的自我教育、自我管理、自我服务和自我完善，可以建立"助人自助"的良好循环，不仅可以帮助同学，还有助于自己建立积极向上的健康心态。

为什么众多患有心理疾病和精神障碍的学生不愿意就医？其中有他们担心自己的疾病被他人知晓的原因。人们对心理疾病存在偏见和歧视。我们需要多渠道、全方面地加大对心理健康方面知识的宣传和教育，消除偏见和歧视，从内心接纳他们，让患病学生学会主动寻求帮助，并自我接纳。

在处理学生心理疾病的相关工作中也会涉及一些法律法规，熟悉掌握相关法律法规更有助于学生工作的开展。现列举以上案例涉及的相关法律法规等，以供参考。

《中华人民共和国精神卫生法》

第二十八条　除个人自行到医疗机构进行精神障碍诊断外，疑似精神障碍患者的近亲属可以将其送往医疗机构进行精神障碍诊断。查找不到近亲属的流浪乞讨疑似精神障碍患者，由当地民政等有关部门按照职责分工，帮助送往医疗机构进行精神障碍诊断。

疑似精神障碍患者发生伤害自身、危害他人安全的行为，或者有伤害自身、危害他人安全的危险的，其近亲属、所在单位、当地公安机关应当立即采取措施予以制止，并将其送往医疗机构进行精神障碍诊断。医疗机构接到送诊的疑似精神障碍患者，不得拒绝为其作出诊断。

第三十条 精神障碍的住院治疗实行自愿原则。

诊断结论、病情评估表明，就诊者为严重精神障碍患者并有下列情形之一的，应当对其实施住院治疗：

（一）已经发生伤害自身的行为，或者有伤害自身的危险的；

（二）已经发生危害他人安全的行为，或者有危害他人安全的危险的。

第三十一条 精神障碍患者有本法第三十条第二款第一项情形的，经其监护人同意，医疗机构应当对患者实施住院治疗；监护人不同意的，医疗机构不得对患者实施住院治疗。监护人应当对在家居住的患者做好看护管理。

校园危机事件应对篇

校园危机事件是指在事前无法预警的情况下，发生在校园内或虽未发生在校园内，但是与校内人员有关，对学校的教学、工作，学生的学习和生活秩序产生成不良影响，甚至危及校园安全稳定和社会和谐的突发事件，例如一些意外人身伤害、自杀、公共卫生事件、火灾、盗窃等。这些危机事件往往具有突发、偶然、复杂、多样、扩散等特点。面对校园危机事件，高校教育工作者应做到快速反应、沉着应对，才能有效控制事态的发展，稳定局面。本篇章列举了校园危机事件中的几类经典案例，对事件的发生过程进行了还原，并给出了解决思路、处理方法和案例启示，以供参考。

案例二十二

睡梦中逝去的生命

一、案例简介

周日的晚上,约 20:00 左右,辅导员接到学生黎某家长的电话,称已经一天联系不上自己的孩子了,询问孩子是否在校。辅导员立即打电话联系黎某寝室的同学询问,寝室同学称黎某一直在寝室睡觉,辅导员告知寝室同学通知其给家长回个电话。辅导员刚挂断寝室同学电话不到一分钟,寝室同学就打来电话告诉辅导员,黎某不对劲,怎么叫都不醒,而且身体感觉好像有点凉。辅导员立即安抚学生情绪,让学生立即拨打120急救电话和校医院电话。辅导员随即拨打了 110 报警电话,立即赶赴学生寝室,在途中将情况通过电话汇报给学院领导。学院党委副书记立即上报学校学生工作部、学校安全管理处,并赶往现场。校医院医护人员、安管处保卫人员、警察和 120 急救人员、辅导员、学院副书记先后到达现场,经过医生诊断,学生已无生命体征,死亡时间约在下午 16:30 左右,公安人员对现场进行了勘察,对寝室同学进行口供笔录,排除他杀。据寝室同学介绍,黎某因为周末没课,就准备通宵玩游戏,在凌晨 3 点还外出领了外卖回宿舍,同寝室同学先后上床睡觉,黎某具体几点上床入睡,大家并不清楚。由于黎某睡在上铺,白天寝室同学也没过多关注,以为是晚上熬夜了睡得晚,白天就一直在睡觉,没想到会发生这种意外。辅导员立即联系了黎某的家长,担心事发突然家长一时间无法接受,便用善意的谎言告知家长,黎某昏迷不醒,已送医院抢救,情况比较严重，希望家长做好心理准备，并请家长立即到校。黎某的遗体送往殡仪馆暂存，等候家长到来以后再做进一步处理。辅导员为寝室其他几名同学安排了其他房间住宿，并联系心理咨询中心老师开展心理疏导工作。辅导员将事情的详细情况形成书面报告上报学院，由学院副书记审核后再上报学校学生工作部，学工部上报学校党政领导。

翌日清晨，黎某父母到校，辅导员告知家长黎某已去世，家长得知后悲痛万分，情绪激动，提出立即要去看孩子。学校就派专车，由辅导员和校医院医生、其他工作人员一起陪同家长前往殡仪馆。辅导员一路安慰和劝导，并告知事发的经过和警察调查后的结论。家长见完学生遗体以后失声痛哭，黎某母亲几度昏厥，同行的医护人员进行了紧急医治。辅导员建议家长先到学校为其安排的酒店休息，学院分管领导也来到酒店对家长进行了慰问，让家长先休息再商量如何处理孩子的后事。当日17：00左右，黎某的舅舅等亲属7人，手捧黎某的遗像，拉着横幅堵住学校大门，声称要为孩子讨回公道。黎某亲属声称是学校的不作为才导致黎某的意外离世，若学校能及时发现黎某久睡不醒，应该是来得及抢救的。校党委副书记、分管学生工作的副校长、相关职能部门领导赶到现场进行劝说。但黎某亲属坚持己见，不肯离去，并质疑黎某已离世，但辅导员还告知家长是昏迷，送往医院抢救，就是刻意隐瞒真实情况，学校有不可告人之事。一时间校门口聚集了大量的学生和围观人群，大家议论纷纷，学校工作人员赶紧疏散围观人员并报警求助。17:40分，警察赶到，一起参与劝导，在警察和学校领导的劝说下，家属终于将横幅撤走。学校将这7名家属一起安排到黎某父母所在酒店。

同日晚上，学校、学院相关领导到酒店与家属沟通，家属称孩子是因为学校的工作失误导致的意外死亡，学校要负相关的法律责任。并且孩子死得不明不白，要学校给个说法，并进行巨额赔偿。学校建议尸检，查明死亡的真正原因，但家长不同意尸检。双方谈判陷入僵局。

第二日早上，开始第二次谈判，学校请来了事发当时出警的公安部门警察，公安部门将整个事发的前后情况向家属进行了完整的通报，包括接警后的工作安排、技术人员对现场的勘察结果、对黎某同宿舍同学的调查结果、120急救医生的初步判断等，并回答了亲属的疑问。告知家长黎某死亡的具体原因需要尸检才能确定，并询问黎某是否患有什么基础疾病，一般意外猝死和一些基础疾病或未知的隐蔽性疾病有很大的关联。最终，家长对公安部门的"体表无外伤，排除他杀"的初步结论基本无异议。学校领导继续对家长做安抚工作，对家长的激动情绪表示理解，孩子的去世学校也十分痛心，但是希望家长理解，此次事故并非由学校正常教学或活动导致的，辅导员也是出于善意，担心孩子去世这一突如其来的打击使家长心理承受不住，才会一开始称在抢救，让家长做好心理准备。这样有一个心理的接受过程，希望家长和亲属理性对待。最后，经双方商谈，学校同意出于人道主义关怀和家庭的实际困难，给予一定的慰问金。家长同意次日火化。在黎某遗体火化后，辅导员带家长到寝室整理了黎某的遗物，返回老家。

二、案例分析

本案例属于校园内非正常死亡的意外突发事件。该生在宿舍内睡觉，在睡梦中猝死，因家长拒绝尸检，具体死因不明，只能排除他杀。遇到意外伤亡事件，首先秉持生命至上原则，救人为先，尽快拨打急救电话，将危害降到最低。然后，通过人文关怀消除学校与家长间的误解，让家长与学校一起妥善处理学生后事。最后，做好善后心理疏导。

三、案例处置的方法步骤

1. 拯救生命

学生在寝室昏迷不醒，辅导员第一时间拨打120急救电话，并向校医院求助，校医院医护人员相比校外人员能更快到达现场，争分夺秒抢救生命。

2. 逐级汇报情况

事故发生后，辅导员和学院分管领导第一时间赶往现场，并通知各相关部门工作人员先行到达现场进行紧急处置和保护现场，了解事情的详细情况后，向上级部门报告。

3. 保护事发现场

案例中黎某在寝室已经死亡，辅导员和安保人员一起维持好现场秩序，以免人员走动带来现场的破坏，这样有利于公安部门的精准勘察。

4. 安抚家长情绪

家长得知孩子死亡后情绪失控是可以理解的，学校应安排好专人陪同，做好接待和安抚工作，及时了解家长的诉求，家校协商，共同处理好学生的后事。

5. 善后心理疏导

事发时在场的师生，在心理上都不同程度地受到了冲击和创伤，需要学校安排专业的心理咨询人员，对于事件相关师生进行心理疏导，并持续关注。

四、教育案例反思

1. 学生意外死亡，辅导员如何通知家长，是一个值得探讨的问题

本案例中辅导员担心家长心理承受不了，就善意欺骗家长，先谎称学生昏迷不醒，送往医院抢救，让家长做好心理准备，并未第一时间直接如实告知家长学生已死亡。但是家长却以此为由，认为学校刻意隐瞒，孩子的死亡学校要负相应的责任。

2. 耐心且充分地做好家长沟通工作

对于学生的突然死亡，作为家长肯定是不愿相信的，且难以接受。学生家长到校后，学校只是进行了慰问，并未询问家长的诉求，导致下午学生其他亲属在学校大门聚集。

3. 校园危机事件需要多方联合处理

本案例中，一开始由辅导员告知事发经过和公安部门的勘察结果，

显然家长并不太认可。后来学校求助公安机关，当晚的办案人员将事发经过和调查结果以权威的第三方身份通报给家长，并回答家长的疑问，也算是给家长一个交代。在此基础上，学院领导再适时耐心地跟家长沟通，使家长的情绪慢慢平复，最后协商达成一致。

4. 善后工作持续跟进，心理疏导不容忽视

校园危机事件结束后，老师和同学可能还处于悲伤、恐惧等情绪中，需要进行多次心理咨询疏导，慢慢缓解和释怀。

5. 对全体学生开展生命教育

教导学生要健康作息，三餐按时进餐，爱惜自己的身体，不要沉迷网络而生活作息颠倒。加强体育锻炼，强健体魄。同时，教育学生要对身边的人和事多用心，关心关爱周围同学。若本案例中寝室同学在黎某久睡不起时去查看或过问一下，也许真的可以避免悲剧的发生。

案例二十三
学会包容，感恩遇见

一、案例简介

小贾同学家中有一个患有先天性心脏病的妹妹，父亲在外务工，母亲在家照顾妹妹。小贾高考填报志愿的时候，考虑到假期方便回家照顾妹妹，就选择了本地的一所大学。小贾被顺利录取了。

开学期间，妹妹的药吃完了，治疗药物需要小贾去当地三甲医院购买，然后邮寄回家，当小贾回到寝室后，发现寝室成员已经到齐，正在愉快地交流学校周边好玩的地方。大家欢迎小贾的到来，但是小贾感觉融入不进去。由于小贾每周周末都要回家看看妹妹和母亲，寝室周末的集体生活小贾很少参与，所以与室友的关系渐行渐远。寝室成员的生活习惯不同，寝室同学间很容易因为生活琐事发生小摩擦。小贾的室友小米家境优越，经常以自我为中心，在寝室里如果有不如意的地方，就会直接说出来，甚至与室友吵架，平时也喜欢使唤其他室友，完全不顾及他人的感受。小贾的妹妹因为身体原因住院，需要做手术，小贾除了上课时间以外，都在医院陪着妹妹，晚上归寝比较晚，经常是到门禁时间才到回到寝室。小米觉得小贾打扰了她的休息，经常当着小贾的面抱怨。小贾感觉寝室的氛围很压抑，觉得室友都自私自利，没有包容心，因此向辅导员提出了请假申请，想要在医院照顾妹妹几天，晚上不归寝。辅导员跟小贾的父母确认了情况后，同意了小贾的请假申请，并对小贾进行安抚，希望小贾也要照顾好自己。小贾在医院全身心照顾妹妹，但是妹妹还是离开了她，小贾怀着沉痛的心情向辅导员申请延长请假时间，辅导员对小贾的遭遇表示同情，并在电话中对小贾的情绪进行安抚，告诉她如果有需要可以随时联系辅导员，学校和老师都会尽力帮助小贾的，同时鼓励小贾坚强面对，父母需要她的关心和安慰。

  小贾在一周之后返校，到办公室销假，辅导员与其进行了谈心谈话。小贾倾诉了心里的苦闷，辅导员对其进行心理疏导后，小贾心态好了很多，从心理上真正接受了现实，但是情绪依旧不高。在回到宿舍后，小贾和小米因为日常生活琐事吵架，过了几天，再次因为相同的事情在楼道发生争吵，寝室其他室友没有劝架，在旁边围观，小米因为情绪激动不小心踩空滑倒，后脑勺磕到台阶上，流血很多，被小贾和室友一起送往医院救治。辅导员在接到消息后，立即赶往医院，了解学生的伤情，安抚小米的情绪，并嘱托小米好好休养，同时询问在场的同学事情发生的起因和经过，将情况汇报给学院领导并告知家长。小贾看见小米受伤，内心也是十分内疚，待在医院的走廊里哭泣。辅导员并未责怪小贾，而是安慰小贾先不要担心，医生说了只是外伤，休养一段时间就会慢慢痊愈。小米家长到医院后，看见受伤的女儿，非常心疼，用愤怒的眼神狠狠地盯着小贾。小米的母亲认为小米受伤是因为与小贾争吵，要求小贾要对此事负责，并要求小贾的家长必须到医院来赔礼道歉，还要承担医疗费用。辅导员立即安抚家长情绪，与小米母亲进行沟通，解释双方爆发争吵的起因，同时告诉小米的母亲，小贾的亲妹妹因为心脏病去世不久，可能现在小贾的父母没有更多的精力来处理小贾的事情。经过辅导员与学院领导多次与小米母亲沟通，小米母亲答应自行承担医疗费用，但是要小贾与小米好好沟通，解除误会，不能影响同学关系。

  辅导员等小米的伤情有所好转之后，向小贾和小米询问矛盾发生的原因，调节两人的关系，帮助两人消除误会。小贾与小米私下交流后，小米才知道小贾妹妹的情况。小米一直以为小贾每周周末是回家休息，平时也是玩到很晚才回寝室。小贾请假那几天，寝室室友以为小贾是因为小米的抱怨生气而找借口请假，完全不知道小贾家里的情况。小贾也解释是自己不想让同学知道自己的家庭情况，害怕有异样的眼光。小米感到很抱歉,也希望小贾坚强,以后她会和小贾好好相处,希望两人能够成为好朋友,互帮互助,也请求小贾在以后及时指出自己的错误和不足,学会换位思考,学会包容。

二、案例分析

1. 小贾自尊心强,不愿意让同学知道家庭状况

小贾同学自尊心很强,非常在意他人的看法,不想因为家庭原因被其他同学用异样的眼光看待,内心比较封闭,与室友相处的时间较少,寝室的集体活动也因为时间原因很少参加。在双方存在误会的情况下,小贾觉得室友对她非常冷漠,小贾心情低落,感到委屈。妹妹的离开让小贾情绪波动更大,因为小事多次与室友吵架。

2. 小米以自我为中心,不懂得包容

小米缺乏集体生活的经验,在寝室生活的时候,以自我为中心,不善于处理人际关系。当他人有和自己生活习惯不一样时,就理所应当地认为是他人的错。平时也喜欢让室友帮忙做事,但很少对室友表达感谢,做事比较情绪化,高兴的时候眉飞色舞,不高兴的时候对室友乱发脾气。寝室的矛盾日益加深。

3. 小米母亲想要小贾及其父母支付医疗费用

小米在这次事件中受伤。虽然双方没有发生肢体摩擦,但是因为双方争吵,小米情绪激动才会摔下楼梯的,因此想要小贾及其父母支付医疗费用。

4. 寝室关系冷漠,发生争吵时冷眼旁观,未及时阻止

小贾和小米所在寝室关系冷淡,每个寝室成员倾向于做自己的事情,寝室基本的相处可以维持,但是涉及自身利益时,大家毫不让步,与自身利益无关时,又冷眼旁观。在小贾和小米的几次争吵后,寝室成员并没有劝阻,而是让事情自由发展,最终小米和小贾在楼道上爆发激烈争吵,小米脚滑摔倒在了楼梯上。

三、教育方法

1. 处理突发事件，安抚双方情绪

辅导员在接到小米受伤的消息后，立即赶往医院，在途中询问了当时在场的同学事情的起因和经过，将情况汇总上报给学院领导，同时告知小米家长相关情况。在到达医院后，发现小米家长已经在医院，便安抚小米家长的情绪，向家长真诚道歉，及时了解小米同学的伤情，并协助办理小米的请假手续。联合班干部和室友成立了爱心帮扶小组，时刻关注小米的心理状况以及小贾的情绪。小米的母亲要求与小贾的家长协商共同支付小米的医疗费用，在辅导员与学院领导多次与小米母亲沟通后，小米母亲答应自行承担医疗费用，但是要小贾与小米好好沟通，解除误会，不能影响同学关系。

2. 谈心谈话，思想引导

等小米同学的伤势有所好转之后，首先分别单独与小贾和小米谈话，了解两人产生矛盾的原因，教育引导学生发现问题后多沟通交流，如果不能解决问题，可以联系班委和辅导员来帮忙。吵架改变不了事实，只能激化双方的矛盾。对于小米，辅导员教育引导其在今后的学习生活中多考虑其他人的感受，学会换位思考，学会尊重他人，礼尚往来，让小米明白人际交往中讲求互惠原则，不能一味索取，也要有相应的付出。对于小贾，希望其能够勇敢地面对生活，接受妹妹离开的事实，不要沉浸在过去的伤痛中，要做妹妹的榜样，保持积极的生活态度，勇于面对挫折，在不断奋斗中遇到更好的自己。然后与小米和小贾共同谈话，帮助她们化解矛盾，消除误会。

3. 引以为戒，集体教育

在班级开展有关人际关系的主题班会，举行"宿舍心理小报""宿舍吐槽大会"等宿舍文化活动，邀请学校心理健康中心的老师为同学们开展有关人际关系处理的主题讲座，帮助同学掌握人际交往技巧，正确处理人际交往中的矛盾，营造良好的人际交往氛围。

4. 持续关注，助力成长

持续关注小米和小贾的生活情况和心理状态，帮助小贾走出失去妹妹的阴影，让她不沉浸在伤痛之中。引导小贾树立远大的理想，保持乐观的心态，积极与他人沟通交流，拓展兴趣爱好，刻苦认真学习，努力做全面发展的好青年。关心小米的伤势，引导小米学会换位思考，尊重他人，掌握人际交往的技巧。

四、教育效果

在小米受伤期间，辅导员联合班干部和室友成立了爱心帮扶小组，其中包括小贾同学，小贾同学在小米住院的两天对小米进行细心照料与帮扶，等小米的伤势好转以后，通过辅导员的调解，小米和小贾化解了矛盾，消除了误会。经过一段时间的相处后，小贾和小米成了好朋友，小贾开始敞开心扉，更加开朗，有了自信心，愿意去接触和了解寝室室友和班级的同学，不再将自己封闭起来。小米同学学会了与人相处，当室友遇到困难的时候，小米主动帮助，并且经常与室友分享自己的小零食和学习心得体会，在经过室友的同意之后才借用室友的东西，尊重大家的兴趣爱好。在小贾的照顾下，小米的伤很快就痊愈了，寝室的氛围也越来越好，班级同学反映经常能够看到她们寝室一起去图书馆自习，一起在外面聚餐。

五、教育案例反思

1. 加强对重点学生的关注，建立危机事件应急方案

在之后的工作，要特别注意家中有人患病的学生以及独生子女、贫困生、心理问题学生等，关注这部分学生的心理状态和生活情况，定期开展谈心谈话工作，发挥好学生干部和寝室长的抓手作用。对于部分影响和谐和安全的问题做到早发现、早干预、早解决，同时建立危机事件应急方案，为同学们的安全成长保驾护航。辅导员要有学生信息表，掌握学生的基本家庭情况，比如学生家长的姓名、联系电话以及家庭住址等信息。面对突发事件，要临危不惧，具备良好的心理素质，在平时对

学生特别是学生干部开展如何处理突发事件的培训，增强学生的自我保护意识，减少突发事件的发生，同时提高学生的自救能力，加强学生的责任感，教育引导学生互帮互助，构建良好的人际关系，共同维护校园的安全和稳定。

2. 定期进寝室、进课堂、进食堂

大学生的思想不成熟，部分学生人际交往能力不足，容易引发误会。辅导员要及时掌握学生的交往情况，出现问题及时干预，避免矛盾扩大。要定期进寝室，了解学生的生活和学习情况，知道每个寝室有哪些学生，掌握同学们在寝室的交往情况。要进课堂，加强与任课老师沟通，了解学生的学习情况和心理状况，如果有同学打瞌睡，要及时找到原因。如果是因为压力过大导致失眠，就要对其进行心理疏导。如果学生是因为熬夜导致精神萎靡不振，就要进行教育，让学生认识到学习的重要性。要进食堂，看看同学们是不是习惯学校饭菜的口味，多注意外地学生是否适应当地的饮食习惯，关注哪些学生一起用餐，是否存在一整个寝室一起，但是有一人落单的情况，从细微处观察学生，掌握学生的思想和行为动向，一旦有不对的苗头，及时干预和解决，维护校园和谐稳定。

3. 教育引导学生建立良好的人际关系

开展主题班会，对学生进行思想政治教育，引导学生以德立身，在与他人交往时保持理性平和，豁达包容。同学之间、室友之间出现任何问题，都不能通过争吵或者暴力手段解决问题，有不能解决的问题及时请求学生干部和辅导员帮助。要认识到相逢就是缘分，要怀着理性和团结的心态去解决问题，在生活习惯和性格方面，要学会包容与尊重，求同存异。在班级开展有关人际关系的主题班会，帮助同学掌握人际交往技巧，正确处理人际交往中的矛盾。开展模范宿舍评比活动，表扬优秀宿舍，将其作为榜样，进行公开的正面宣传教育，引导教育学生尊重他人，换位思考，认识到每个人都有保留自己的意见和按照自己想要的方式去生活的权利，培养学生互帮互助精神、集体主义精神，营造良好的人际交往氛围。

案例二十四
冲动的惩罚

一、案例简介

小孙同学父母在当地经商，家境优越。在高中时期，小孙与同班一女生早恋，上课时，两人经常传纸条说悄悄话，所以成绩迅速下滑，高中班主任发现后及时联系了双方家长，双方父母都阻挠过，但是小孙与女朋友不听劝告，依然悄悄在一起。高考后因为分数的差距，小孙到了外地读大学，而女朋友留在了当地。

小孙进入大学后，很快就适应了大学生活，大学所在省市和家乡相隔不远，坐动车两三个小时就可以回家，于是他经常周末跑回家见女朋友。小孙在校期间虽然按时到教室上课，但是完全不听课，偷偷在课桌下用微信与女朋友聊天，或者是打游戏。任课老师发现小孙上课不听讲，提醒了小孙很多次，小孙依旧我行我素。任课老师非常生气，把小孙的情况告知其辅导员，希望辅导员能够引导教育小孙。辅导员主动约谈小孙，小孙一到办公室就向老师问好，很懂礼貌，在后续辅导员对其进行教育引导的时候，小孙都频频点头，表示他会立即改正，好好学习。但是在后续查课中辅导员发现，小孙虽然课堂上不玩游戏了，但是上课依然时不时和女朋友聊天，心思不在学习上。辅导员与小孙的家长取得联系，告知家长目前小孙的学习情况，对小孙的学习表示担忧，但是家长表示学习差点无所谓，能够毕业就行，他们也管不住小孙。辅导员再次找到小孙了解情况，小孙称因为疫情的原因，现在他不能每周回家看望女朋友了，和女朋友的关系越来越紧张，所以上课才会随时和女朋友保持联系,给对方安全感。辅导员只能多次与小孙进行谈心谈话,引导小孙重视学习,积极参加活动,开阔视野,树立正确的价值观,明白幸福是奋斗出来的,恋爱不是人生的全部,不能任感情随意放纵,要有理智的驾驭能力。辅导员为小孙安排了同寝室的一名成绩优异的同学作为小孙的学习帮扶对象。小孙在任课老师、辅导员、室友的共同帮助下终于意识到了学习的重要性,上课开始认真听讲,但由于基础比较薄弱,很多知识点不能掌握,因此在大一期末考试中,还是有一门科目不及格。

原本一切都在往好的方向发展,但是突然有一天,小孙的女朋友要和他分手,他非常着急。当时是疫情防控的特殊时期,小孙所在学校处于封闭管理状态,老师和学生不能随意进出,小孙在冲动之下未经辅导员的允许,在夜晚翻墙离开了学校并出省,在当晚与女朋友见面后两人经过一番交流又和好了。小孙第二天在没有核酸检测的情况下,再次翻墙进入学校正常上课。在每天例行的健康码、行程码检查中,班长发现小孙的行程码显示去过外省,于是及时联系辅导员。小孙觉得身体有点发热,去校医务室体温检测出发烧。辅导员立即联系校医务室,并且穿上防护服,专车护送小孙到最近的核酸检测点进行核酸检测,并让小孙在隔离点等待不得私自离开。同时辅导员联系所在班级,让大家回到宿舍后清洁消毒,打开窗户透气,减少人员流动,做好紧急处理预案与小孙进行沟通,了解去过的地点,排查是否是中高风险地区,是否有感染的风险,将情况整理后上报学院领导。在小孙核酸检测结果出来后第一时间向领导汇报结果,同时告知与小孙有过接触的学生,减轻同学们的恐慌,减少舆论的产生,并带领小孙前往医院发热门诊看病。等小孙情况好转后,辅导员主动与小孙进行谈心谈话,严厉批评小孙的行为,让小孙意识到疫情防控的重要性,同时根据校纪校规和学校的疫情防控相关条例给予小孙留校察看处分。

二、案例分析

1. 无视疫情防控规定,私自出校

小孙同学在其女朋友提出分手后,一时冲动,在学校处于封闭管理状态的特殊时期,未经允许私自离开学校并出省。在和女朋友和好后,在没有核酸检测的情况下，再次翻墙进入学校正常上课，没有主动向辅导员上报。寝室成员也未主动向宿舍管理员、班长和辅导员汇报小孙外出当晚未归寝的情况。

2. 未处理好恋爱与学习的关系

小孙没有认识到学习重要性，将恋爱放在了主要地位，高中时期因为谈恋爱，学习成绩严重下滑，但并没有引起自身的重视，在大学期间依旧专注于谈恋爱，更因为大学考核方式的不同，对自己放松了要求，认为自己不学习也可以轻轻松松及格。后来，他在任课老师、辅导员、寝室成员的帮助下，及时意识到了问题，但是由于基础薄弱，依旧有一门科目不及格。

3. 沉迷游戏，荒废学业

小孙在开学之初，上课全程玩游戏，网瘾较大，没有认识到沉迷网络游戏对学业的影响，在有一门科目不及格的情况下，暑假依旧沉迷网络游戏，没有做好复习工作，以至于补考依旧不及格，如果小孙在毕业之前学校组织的集中考试中，这门科目再次不合格，根据学校有关规定，小孙将延迟毕业。

三、教育方法

1. 处理突发事件，安抚学生情绪

在接到班长反馈小孙在未经允许私自在夜晚翻墙离校并出省，第二天在没有核酸检测的情况下，再次翻墙进入学校的消息后，辅导员还接到了医务室的电话，小孙目前处于发烧状态。辅导员立即前往校医务室，并在医务室的帮助下，和小孙以及司机穿上防护服，乘坐专车，将小孙送到附近的核酸检测点进行核酸检测，并让小孙在隔离点等待结果不得外出。同时辅导员联系学习干部通知所有与小孙接触过的同学，暂时待在宿舍，减少人员流动。然后与小孙进行沟通交流，全面了解小孙乘坐公共交通的具体情况以及小孙的行动轨迹，逐一排查小孙到过的地方是否是中高风险地区，是否与感染者或密接存在时空交集，初步判断小孙有无被感染的风险。掌握了具体情况后，将全部情况汇报给领导。等小孙的核酸结果一出，马上报告学院领导，告知所有与小孙接触过的学生，安抚学生情绪，减轻学生恐慌，防止舆论产生。然后带领小孙去医院发热门诊看病治疗，再乘专车返回学校进入健康管理区，等待三天两检。三天两检的结果全部是阴性，小孙可以离开健康管理区，正常学习。

2. 谈心谈话，教育引导

等小孙离开健康管理区并且病情好转以后，主动与小孙进行谈心谈话。针对小孙无视校纪校规，不遵守疫情防控规定的行为进行严厉批评，让小孙意识到疫情防控关乎全校师生的生命健康，不能抱有侥幸心理。让小孙意识到自己的错误，明白疫情防控的重要性，同时告知小孙，根据校纪校规以及疫情防控相关规定，学校决定给予小孙留校察看处分。

3. 引以为戒，全面排查

考虑小孙的这种情况，可能有其他同学也在夜晚翻墙外出，因此学校决定检查全校师生的健康码和行程码，看是否有师生的两码发生了改变。同时，学校与所在社区进行沟通，决定是否对全校师生进行核酸检测。辅导员配合协助学校开展相关排查或核酸检测工作。

4. 持续关注，主动帮助

持续关注小孙的学习、生活情况和心理状态，主动帮助小孙解决在学习、生活和心理等方面的问题，同时联系小孙的家长，告知家长小孙最近的行为，形成家校合力，一起护佑小孙成长。开展防疫相关的主题班会，引导同学们做好个人防护，加强疫情防控意识，遵守校纪校规和疫情防控规定。

四、教育效果

辅导员对小孙的无视疫情防控规定的行为进行了严厉批评，小孙通过反省，意识到了自己的错误，明白了疫情防控的重要性，也知道自己的行为给同学、给老师、给学校带来了很大的困扰。自己一时冲动翻墙出去，如果真的带回了病毒，那对同学、老师及其家庭是多大的伤害，自己的行为不但给自身带来了危险，更将全校师生置于危险之中。他承诺在以后一定牢记教训，严格遵守校纪校规和疫情防控规定，不给他人添麻烦，不掉以轻心，不置身事外。经过老师的教育引导，他意识到了学习的重要，能够正确处理恋爱与学习的关系，在以后的学习生活中，会积极参加活动，挖掘自身的优势和不足，制定和完善学习计划，明确人生目标，确定人生方向，选择正确的人生道路，朝着目标不断前进。

五、教育案例反思

1. 坚持"三进"

作为辅导员要经常深入班级、深入寝室、深入"群聊"。辅导员每周都要去听课，掌握学生的学习情况和出勤情况，了解学风、班风，对出现厌学情绪的同学要及时引导，帮助这类学生找到学习兴趣，进行职业规划，树立人生目标。辅导员需要经常深入寝室，进入学生的生活环境，近距离了解学生的生活状态、思想动态和人际关系，对于不良的生活习惯要及时纠正，避免学生过度沉迷网络，影响学习和生活。辅导员要加入学生的班级群，积极做好思想教育工作，及时回应和处理学生在网络平台上发出的信息和合理的诉求，在做好思想引领的同时，控制好舆情。

2. 进行恋爱观教育

通过个别交流或讲座的形式，引导大学生正确看待恋爱双方的关系。大学生应该认识到恋爱不是必需品，在大学期间，应该努力提高个人的知识水平和能力素质，知道自己的责任，不能让恋爱产生的负面情绪影响了学业。当爱情来临时，正确认识和对待爱情，健康积极的恋爱关系能促进双方更好地发展。当学生失恋时，作为辅导员要进行适当的引导，鼓励学生多向老师、同学、家人倾诉，帮助其排解不良情绪，鼓励其积极参加校园活动，调节自身情绪，转移注意力。

3. 加强大学生纪律意识

通过班会、谈心谈话等方式开展普法教育，让学生知道任何一个社会、国家、集体都要有自己的纪律，无规矩不成方圆，引导学生了解国家的法律法规和校纪校规，培养学生自主学习法律法规和校纪校规的习惯，同时，让学生了解违反法律法规和校纪校规的后果，让学生对法律法规产生敬畏之心，加强学生的纪律意识，使其自觉遵守纪律，按照纪律约束自己的行为，成为一名懂法、守法的大学生。

4. 动员全体学生接种新冠疫苗

接种新冠疫苗是常态化疫情防控期间预防传染、保障全民健康的有效手段。要动员全体学生，除身体有特殊情况不能接种的学生以外，所有学生尽量接种新冠疫苗。

5. 加强身体锻炼，提高身体素质

生命在于运动，身体也是一切的基础，倡导大学生每日进行适当的体育锻炼，确保运动时间，提高自身的身体素质，养成良好的生活方式和作息习惯。

小　结

大学生的成长成才离不开安全稳定、和谐美好的校园环境。校园危机事件不仅会给校园的正常教学秩序带来影响，而且还会对大学生的身心健康造成危害。高校需要建设和完善校园危机事件预警和应对制度，当危机事件发生时能够迅速反应、积极应对、顺利解决。凡事预则立，不预则废，校园危机事件也不是完全不可预防的，除了类似于自然灾害的不可抗力因素以外，其余的因为个人情感、身体状况、心理问题等问题而产生的危机事件是可以提前做好防范工作的。在日常教育管理中加强对学生的安全教育、心理健康教育等，对于身体有基础疾病的学生、家庭经济困难学生、单亲家庭学生、学习困难学生、心理异常学生、孤儿等特殊群体建立"一生一档",重点关注,将一些不稳定因素扼杀在萌芽状态,让危机事件的发生概率降到最低。

本篇章案例中涉及的国家法规与政策:

《学生伤害事故处理办法》【教育部令第12号】

第九条 因下列情形之一造成的学生伤害事故,学校应当依法承担相应的责任:

(一)学校的校舍、场地、其他公共设施,以及学校提供给学生使用的学具、教育教学和生活设施、设备不符合国家规定的标准,或者有明显不安全因素的;

(二)学校的安全保卫、消防、设施设备管理等安全管理制度有明显疏漏,或者管理混乱,存在重大安全隐患,而未及时采取措施的;

(三)学校向学生提供的药品、食品、饮用水等不符合国家或者行业的有关标准、要求的;

(四)学校组织学生参加教育教学活动或者校外活动,未对学生进行相应的安全教育,并未在可预见的范围内采取必要的安全措施的;

(五)学校知道教师或者其他工作人员患有不适宜担任教育教学工作的疾病,但未采取必要措施的;

(六)学校违反有关规定,组织或者安排未成年学生从事不宜未成年人参加的劳动、体育运动或者其他活动的;

(七)学生有特异体质或者特定疾病,不宜参加某种教育教学活动,学校知道或者应当知道,但未予以必要的注意的;

(八)学生在校期间突发疾病或者受到伤害,学校发现,但未根据实际情况及时采取相应措施,导致不良后果加重的;

(九)学校教师或者其他工作人员体罚或者变相体罚学生,或者在履行职责过程中违反工作要求、操作规程、职业道德或者其他有关规定的;

（十）学校教师或者其他工作人员在负有组织、管理未成年学生的职责期间，发现学生行为具有危险性，但未进行必要的管理、告诫或者制止的；

（十一）对未成年学生擅自离校等与学生人身安全直接相关的信息，学校发现或者知道，但未及时告知未成年学生的监护人，导致未成年学生因脱离监护人的保护而发生伤害的；

（十二）学校有未依法履行职责的其他情形的。

第十条 学生或者未成年学生监护人由于过错，有下列情形之一，造成学生伤害事故，应当依法承担相应的责任：

（一）学生违反法律法规的规定，违反社会公共行为准则、学校的规章制度或者纪律，实施按其年龄和认知能力应当知道具有危险或者可能危及他人的行为的；

（二）学生行为具有危险性，学校、教师已经告诫、纠正，但学生不听劝阻、拒不改正的；

（三）学生或者其监护人知道学生有特异体质，或者患有特定疾病，但未告知学校的；

（四）未成年学生的身体状况、行为、情绪等有异常情况，监护人知道或者已被学校告知，但未履行相应监护职责的；

（五）学生或者未成年学生监护人有其他过错的。

第十二条 因下列情形之一造成的学生伤害事故，学校已履行了相应职责，行为并无不当的，无法律责任：

（一）地震、雷击、台风、洪水等不可抗的自然因素造成的；

（二）来自学校外部的突发性、偶发性侵害造成的；

（三）学生有特异体质、特定疾病或者异常心理状态，学校不知道或者难于知道的；

（四）学生自杀、自伤的；

（五）在对抗性或者具有风险性的体育竞赛活动中发生意外伤害的；

（六）其他意外因素造成的。

创业就业篇

高校毕业生就业事关民生福祉、经济发展和国家未来,做好大学生的就业指导工作,确保毕业生高质量的充分就业也是高校学生工作的重点之一。随着高校的扩张,全球经济下行,大学生就业越来越困难。本篇章案例对大学生就业工作中遇到的几类常见问题进行了分析,提供了解决思路、处理步骤和案例启示,以供参考。

案例二十五
不忘初心、筑梦创业

一、案例简介

小张是一个来自偏远小镇的男生,家庭经济条件一般,在高中时家长和老师对大学的赞美让其对大学生活憧憬不已。一直渴望冲破高中繁重的学业牢笼,在大学的天空自由翱翔。经过一年复读,他终于如愿考上了大学。小张刚入学时,性格开朗,喜欢结交各种朋友。军训期间表现积极,吃苦耐劳,乐于奉献,很好地团结了宿舍、班级和学院内同学,在班内、院内拥有很好的人际关系。大一第一学期结束以后,各科成绩都非常不错。他开始有点飘飘然,认为大学学习非常容易,生活也有点单调,没有自己理想中的那么美好。大一第二学期开学以后,就开始上课迟到、早退、甚至逃课,经常和三五好友一起打球、外出吃饭喝酒,业余生活几乎全是吃喝玩乐。由于交友广泛,小张认识了几个有创业想法的同学,他们几人自己筹钱买了一台打印机,在宿舍内帮同学们打印复印,小张由于人际关系好,很多同学都帮助他宣传他的"打印店",店里的生意异常火爆,很快小张几人就赚到了人生的第一桶金。看见自己创业初见成效以后,小张就从最初的偶尔旷课变成经常旷课,自己还到处给周围的同学宣扬"读书无用论"。由于一学期以来小张的精力全部用在了创业和吃喝玩乐以维护他的人际关系上,导致荒废学业,多门功课挂科。

由于挂科,辅导员注意到了小张,于是找其谈话,并进行了深入的交流。谈话之初，辅导员指出其已经出现多门课程考试不及格，若不及格学分超过10分将会受到学籍警示。小张还是一副不屑的表情，称自己现在已经有了退学的想法，认为大学没什么意思，读大学其实也就是为了找份工作，就是为了挣钱。小张认为自己现在还在读书就已经创业成功可以赚到钱了，等自己全身心投入创业，一定会做得更好，能挣更多的钱。辅导员见状，没有立即批评小张的错误想法，而是询问其是否有兴趣听一个前几届毕业学长创业的真实故事。小张一听见创业就两眼放光，表示很有兴趣。辅导员就向其分享了这位学长的创业故事。这位学长也是在校期间创业，无心学习，于是自己休学了一年去创业，但是由于法律知识方面的欠缺，在签合同时没有了解清楚相关条款，最后亏损了十几万，将自己在校期间赚的几万块的第一桶金赔完以后，家人还替其还了剩余的欠款。学长意识到知识的重要性，果断复学，回到学校重新学习，在学好自己专业课的同时，还去知识产权专业旁听相关的法律课程。学长还在返校后跟辅导员老师分享了自己创业的经历以及自己由于缺乏社会经验和专业知识以及学历限制所受的各种制约。辅导员将学长的相关经验之谈全部告知了小张。小张由一开始的不屑，慢慢陷入了沉思。辅导员紧接着询问小张："你还记得你最初是为什么想上大学吗？"小张回答说："想通过自己的努力，在大学里学习了科学文化知识以后，走出小镇到大城市闯一闯，见识外面更广阔的天空，能够出人头地。"辅导员接着说："大学很美好，也很短暂。大一是摸索阶段，可以各种尝试；大二开始迷茫，不知如何选择；大三目标逐渐清晰，为自己的理想做各种准备，大四就是最后奔向梦想的远方。大学，是人生梦想真正起航的地方，是人生的重要转折点。你在创业方面有理想、有追求、有志同道合的伙伴，确实非常的优秀。但是作为一名大学生，学习是首要任务，学好专业知识同样重要。你应该将你的专业知识与你的创业相结合，这样的创业才会更有前景。"

经过辅导员的耐心开导，小张放弃了退学的想法，重拾学习的热情。通过假期的认真复习，开学将所有课程补考通过。在接下来的两年里，小张目标清晰，在学习方面更加认真努力，连续两年获得了优秀学生奖学金；在学科竞赛和课外科技活动方面，他积极参与"互联网+"全国大学生创新创业大赛、"挑战杯"创业计划大赛、大学生创新创业训练项目等各类创业比赛，为自己以后的创业奠定了扎实的基础。在大四毕业时，通过学校创新创业中心提供的项目和资金，小张成功注册了公司，还以优异的成绩完成了大学学业，意气风发地在创业路上坚定地走了下去。

二、案例分析

本案例中，学生因没正确建立学业生涯规划和职业生涯规划目标，错误地认为自己已经具备了创业的能力，忽略了学习才是大学生的首要任务。此时，需要加强学生的理想信念教育和创业教育，及时纠偏，帮助学生做到学业、创业两不误。

三、教育方法

1. 在大一时，要加强大学生的理想信念教育和专业教育

结合"学业生涯规划"和"职业生涯规划"有针对性地开展工作，引导大学生理性看待梦想追求，要将理想和现实用实际行动进行科学对接。

2. 加强对大学生综合素质的培养

结合专业课程学习、创业比赛等，对其加强综合素质的锤炼，为创业梦想不断积蓄力量。

3. 定期找其谈心谈话

了解其思想、学习、生活动态，并针对其出现的相关问题，帮助一起分析谈论，及时给出合理的意见和建议。

4. 不断鼓励其对创业梦想进行定期自我分解和评估，不断教育其优化圆梦途径，增强圆梦实力

提醒并监督其重心回归学习，创业不能荒废学业。人脉、感情是事业成功的砝码，自身专业知识和相关业务能力等综合实力才是事业成功的关键。既然选择了创业，就要排除万难，决胜未来。

四、教育效果

由于辅导员的耐心引导和关爱，小张与辅导员之间建立起了足够的信任，亦师亦友，这正是辅导员成为大学生的"人生导师和知心朋友"的最高职业追求。小张最后在辅导员的教育指引下，以优异的成绩完成了学业，并且通过各种创业比赛的历练，成为在校大学生创业的先锋，毕业时成功注册了公司，顺利走上了创业之路。

五、教育案例反思

1. 帮助大学生做好学业生涯规划和职业生涯规划，有助于帮助大学生树立积极向上的人生观、价值观

很多同学在中学时代，学习环境和目标都比较单一，高考就是他们奋斗的目标。部分中学老师为了给学生增加学习动力，经常会对他们灌输一种"现在艰苦学习，考上大学就好了""考上大学就轻松了"等思想，导致大学生进校后，面对大学相对宽松的学习氛围和需要自主学习的环境，时而欣喜时而迷茫，不知道自己的人生目标是什么，每个阶段应该完成什么学习任务。此时，针对大一新生，需要加强新生适应性教育，同时为大学生做好"两涯"规划的教育指导，帮助学生确立科学理性的目标，学习有动力、未来有规划，为毕业就业打好扎实的基础。

2. 大学时期必须牢固确立以"两涯"规划为切入点的大学生日常教育管理和思想政治教育模式

通过在日常的教育中引导学生追求学习上、综合素质能力上的成就，引导其追求职业上和事业上的成功来实现人生的价值。要充分做好学生的专业思想教育、理想信念教育、综合素质提升教育、职业生涯规划和就业指导教育，着力培育高素质复合型创新人才。

3. 与学生建立亲密的信任关系

在大学生涯的每一个阶段，尤其是新生适应期和毕业发展抉择期，辅导员或者其他思想政治教育工作者应该密切关注学生的思想动态、行为举止、心理健康等，从细微处着手，耐心引导、热心鼓励、积极带动，

用爱心感动学生，得到学生认可。正所谓"亲其师，然后信其道"。只有与学生建立了足够的信任，老师的教导才能如春风化雨般进入学生的心里，成为他们前进信心和动力。

4. 结合学生的"两涯"规划，帮助学生做好个体发展的科学定位和创新创业时面临的主、客观形势等方面的合理研判

有意识地将大学生创新创业教育贯穿于日常工作之中，有效防止学生因为创业而荒废学业或是学生的创业梦想受到现实环境的阻挠，积极引导学生适应现实，追逐梦想。

案例二十六
创业无须急于一时

一、案例简介

小陈是一名来自偏远山区的女生,父母均是农民,有严重的重男轻女思想,家中有4个孩子,前面三个均是女孩,第四个才是男孩。小陈是家中的长女,从小帮助父母料理家务,是个勤奋懂事的孩子。小陈从小都梦想着要走出大山,学习非常刻苦。从小学习成绩优异,2017年以他们县上高考第五名的成绩考入了大学。由于家庭经济困难,她在当地申请了生源地贷款,学费的问题是解决了,但是她每个周末都会外出做兼职,赚取自己的生活费。进入大学以后,小陈学习依然勤奋刻苦,连续两年获得了励志奖学金和"三好学生"称号。这么一个品学兼优的学生,在大三时突然找到辅导员要求要休学,如果学校不同意她就退学。经了解,她自大学入学以来从事过多种兼职工作,发现家教是收益最高的,最近一年一直在从事家教工作。由于其对所带学生悉心指导,帮助学生形成良好的学习习惯、掌握科学的学习方法、提升学习效率、查漏补缺,所带学生成绩进步很快,效果明显,在学生家长中赢得了较好的口碑,家长们纷纷相互宣传介绍。大二暑假小陈没有回家,而是在学校附近兼职做家教,短短不到两个月时间,该生净获利近3万元。而其父母辛苦在农村劳作一年,每年卖粮食蔬菜的收入合计也不超过2万元。暑假结束以后进入大三,专业课程增加,几乎每天满课,学业负担明显加重,家教只能利用晚上或者周末没课时间做,收入较暑假大幅下滑,加之父亲前段时间摔伤住院，又要花费大笔的医疗费用，所以该生在考虑后，希望休学一年去做家教，态度异常坚决。

二、案例分析

受市场经济的影响，大学生边在校学习边"创业"的不少，休学创业的学生也不少。随着学分制和弹性学年的实施，社会和家长对于大学生休学的态度开始变得宽容，大学生中断学业进行创业也逐渐得到了社会和家长的认同，学校和辅导员将会面临更多类似的休学申请。如何引导学生从现实出发，做好长远考虑，如何帮助学生圆创业梦，如何帮助他们解决当下的经济困难，是面对此类问题的关键。

对于学生因疾病等确实需要休学的特殊情况之外的其他休学申请，应做到严格把关。如果大学生能够结合自己的专业、自身特长和社会需要作出创业选择，是值得我们尊重的。的确，学习其实也是为了就业，创业也是另外一种形式的就业，大众创业、万众创新更是目前国家大力支持的。确实也有少数大学生休学创业甚至退学创业取得了成功。创业成功的同学不仅解决了自己的就业，同时还为其他人带来更多的就业机会。小陈主要是因家中经济困难，希望通过自己创业改善自己的家庭经济条件，因此想休学以后有更多的精力投入，可以获取更大利润。像小陈这种为了挣钱而盲目休学甚至想退学创业的学生，需要辅导员耐心引导，并尽到足够的提醒和教育的责任。我们应当教育大学生首先要以学业为主，只有全面掌握专业知识，才能更好地创业。因为创业存在一定的风险，所以这种弃学创业的模式是我们所不倡导的，我们更鼓励学生在完成了自己的学业毕业后再创业。

三、教育方法

1. 谈心谈话，拉近情感距离

小陈同学自入学以来由于其各方面表现优异，经常参与评优评先，加之又是家庭经济困难学生，平时与辅导员接触也比较多，还是比较愿意与辅导员老师交流的。自其出现强烈的创业想法后，辅导员多次找其谈心谈话，从其自己目前的学习成绩、家庭条件、父母期望等不同角度出发，分析其得失，告知其利弊。

2. 客观理性地帮其分析休学甚至退学后创业的后果

小陈目前做家教之所以成功，确实有其自身努力的因素，但也有她是一名在校大学生这一特殊身份的原因。家长给孩子请家教辅导功课，也是想将来孩子可以考上大学。一名身为在读大学生的家教老师正好是一个优秀的学习榜样，一个良好的示范，如果是一名从大学退学的学生去当他们孩子的家教，如何起到榜样示范作用？加之，暑假期间中小学生因为在放假，所以才有大量的时间补课，开学后周一到周五白天都在上课，晚上和周末还有大量作业，也不可能全天候地参与补课，收入也同样会有所下降。从学校退学后办辅导班，还可能会遇到创业瓶颈。通过分析，让该生能够理性地认识到弃学创业的时机不成熟、条件不具备。

3. 联系家长，告知情况，争取配合

辅导员电话联系了小陈的父母，告知家长目前小陈在校期间的学习成绩优异，名列专业前茅，不管将来是就业或是考研，前途都十分光明。但是她现在一门心思想休学退学创业，希望家长配合学校做好学生工作，争取学生能够继续在校学习，以免耽误大好前程。并叮嘱家长与孩子沟通时注意方式方法，切记不可操之过急，以免适得其反。家长表示会尽快与女儿沟通，配合学校做好孩子的劝导工作。

4. 联系小陈的同学，希望好友发挥朋辈的力量，从同学的角度也帮助劝一劝小陈

小陈寝室有一位同学是其同专业的好友，大一时两人经常一起上自习、一起玩耍、一起谈自己的梦想，这名同学和小陈一样上进、优秀。小陈好友在得知小陈情况后，也着手开导小陈，劝其和自己一起考研，实现她们最初的梦想。

5. 解决思想问题与解决实际问题相结合

小陈想休学创业还有一个重要的原因是其父亲重伤住院，家中还有2个妹妹在上高中，一个弟弟在上初中。父亲住院不仅要花费一笔医疗费用，同时家中又失去了一个重要的劳动力，母亲只能照顾父亲和三个孩子，医院家里两头跑，地里的庄稼无人看管，也会导致一部分经济损失。辅导员劝慰小陈，父亲住院医疗的费用，她自己暑假兼职赚的钱可以暂时应急，父亲的医疗费用后期医保结算是可以报销一部分的，不用太过担心。小陈每个月还有助学金，学院也可以替她申请一笔临时困难补贴，自己的生活费应该也不存在问题。希望其不要因为经济的原因，就放弃学业贸然去创业。

6. 帮助学生做好"职业生涯规划和就业指导"，建立正确的就业观

根据该生学习能力、兴趣爱好、专业特长等，由浅入深地、科学地对其进行指导，帮助该生对未来进行理性的重新规划，制定正确的奋斗目标。告知学生，正确的生涯规划不仅能使自己找到满意的工作，同时将引导人们努力去追寻自己理想的生活方式。在帮助其客观分析和科学规划以后，该生为了以后的人生目标，决定报考硕士研究生。

四、教育效果

经过多次的沟通交流，在老师的指导、家人的劝导、同学的帮助下，小陈休学甚至退学创业的想法开始有所动摇，并逐步将精力转移到考研上来，最后小陈如愿考上了一所985高校的硕士研究生。在其研究生入学后的第一个月她还主动联系了本科时的辅导员老师，向老师表达了感激之情，称还好老师当时及时劝阻，现在国家实行"双减"政策，她若当初真的退学创业从事学科类教培行业的话，现在应该已经创业失败了。

五、教育案例反思

案例中小陈的成长离不开辅导员的耐心引导，也离不开同学的热心帮助，更离不开父母的关心关爱。要做好学生的教育工作，单靠辅导员

一个人力量也是远远不够的,作为一名大学生,他们需要来自学校、家庭、社会等各方面的支持、认可和帮助。辅导员要想做好大学生的思想政治教育工作,也需要有责任心、宽容心、耐心、细心、爱心。辅导员既要与学生亲近,成为他们的知心朋友;又要在学生遭遇迷茫时作为一名严师,帮助学生及时纠偏,从学生成长成才的角度给予指导,成为学生的人生导师,让学生找到正确的前进路线、奋斗目标。

案例二十七

"二战",你是认真的吗?

一、案例简介

大学生的就业问题,一直是社会关注的焦点。每年的毕业生中,有签约就业的,有升学的,有参军入伍的,还有考上公务员或者事业单位的,也有创业的,还有一些选择自由职业的。还有一群人,被称为"二战党",这里所谓的"二战"包含两个方面,一个是"二战考研",一个是"二战考公"。这部分学生的情况大致可分为以下几种:(1)觉得现在社会对学历的要求越来越高,大学本科生找不到什么好的工作,所以自己要考研。(2)学生本来已经找好工作了,但是家长要求要么考研,要么考公,要么参军,必须是"体制内"或是"铁饭碗"的工作才行,要不然可能随时会失业。(3)找了几个月的工作,没有满意的,反正也不想凑合,也不知道可以干什么,那就干脆考研吧。(4)自己因为前期复习投入不够,考得不好,懊悔自己复习没有好好努力,下定决心下次一定好好复习。自信自己已经考过一次了,第二次努力了就一定能考上。(5)第一次初试通过了,复试没有表现好,与理想院校失之交臂,心有不甘,决心"二战"。(6)自己就想从事朝九晚五的稳定工作,所以只打算考公务员,第一次没考上就考第二次,第二次还没考上还可以考第三次,父母都非常支持。诸如此类。他们"二战"的理由有很多很多。这部分毕业生给高校的就业指导工作带来了一定的难度和挑战。

二、案例分析

针对"二战"的学生,首先要区分哪些是真实想学习更多、更深层次的专业知识或从事科研工作而选择考研深造的学生;哪些是为了逃避就业,考研或者考公只是逃避的幌子;哪些是自己其实并不想"二战"考研或考公,而是迫于家庭压力,才选择的"二战"。然后根据不同动机,分类开展就业指导。

三、教育方法

针对想"二战"的全体学生,各二级学院可召开一个就业促进会,为同学们讲解目前的就业形势,通过举例子、摆事实、讲道理的方式。将往年的"二战"统计人数和"二战"成功的比例等现实情况告知学生,同时,建议大家先认真思考好三个问题:想不想、能不能、值不值。

1. 想不想:明确志趣,选好赛道

想不想,是指从内心深处明确到底为什么考研或是考公。近年来随着考研和考公人数不断增多,高校内考研考公氛围日渐浓厚,多数同学是随大流,"无意识"地做出"二战"的决定,后来才发现这条路有悖于本人的特点和志趣。所以需要静下心来,客观地对本身的兴趣爱好、生涯发展目标进行评估,遵从内心做出是否继续考研考公的决定。

2. 能不能:客观分析,从容备考

能不能,指备考阶段能不能顺利闯过重重关口。随着考研竞争日益激烈,相比"一战"考研考公来讲,"二战"考研考公学生在所处环境、心态、竞争压力等方面面临的压力会明显加大,备考之路注定会更加复杂、更加艰辛。这些压力不是仅靠一时的豪情就能解决的,每位大学生都要客观地评估:面临备考学习环境变化、心理压力、学业基础、外部竞争,自己能不能顺利过关?

3. 值不值：多维比较，理性决策

值不值，是指和其他路径相比，"二战"是否为最优的选择？这要从时间、发展、经济等方面多个维度进行比较，才能做出理性的决策。

4. 分门别类，因材施教

根据不同类型的学生，再私下逐个"一对一"约谈，根据实际情况进行就业指导。例如：对于自身情况认识不清、有所犹豫的学生，可以为其讲解研究生阶段可能将要面临的一些问题，对于自身心浮气躁，不能潜心学术研究的同学，建议重新认真自我审视和分析，慎重选择。

5. 帮助学生树立正确的就业观

部分学生选择"二战"完全是为了逃避就业，不想步入社会，将"二战"作为幌子，不用做简历、不用跑宣讲会、也不用面对陌生的招聘人员，躲在图书馆或者家里假装学习。针对这部分逃避型学生，要加强思想教育引导，鼓励其走出来，努力尝试，敢于担当，并对其在简历制作、面试等薄弱环节，加以指导。同时，用残酷的现实击碎他们幻想的泡沫："若'二战'没考上，难道还要继续'三战、四战'吗？永远躲在父母的身后'啃老'吗？"

针对一部分只想从事轻松稳定工作的学生，可引导其先就业再择业。纠正一些就业方面的错误观念：并不只有公务员才是稳定的工作，作为一名大学生，祖国培养的高水平人才，应该将自己的个人事业与国家的发展相联系，将小我融入大我，要勇于到祖国最需要的地方去建功立业，而不是一味追求安逸舒适的生活。

6. 针对确实想提升学历并进行更为深入的学术研究而选择考研"二战"的学生，给予考研指导

帮助其从学校和专业的选择到各门科目的复习进行全面地分析和规划，希望他们经过认真剖析以后，做出正确的选择。通过再一次的努力，克服困难争取考研成功。

四、教育效果

某高校二级学院毕业生人数 972 人,最初统计"二战"的人数 265 人,占比约为 27.3%。经过辅导员、学业导师、论文指导老师等共同的教育引导后,最终人数缩减至 113 人,占比约为 11.6%。减少的 152 人中,有 143 人在老师们的共同帮助下,签约了心仪的工作,还有 9 人在从事网络微商、自媒体运营、翻译等自由职业。

五、教育案例反思

由于疫情的影响,不少学生和家长都出现了"慢就业""不就业"的想法,他们的"慢就业"和"不就业"并非真正意义上的不就业,而是他们希望能通过考上研究生提升学历,考公务员进入"体制内"找到一个"铁饭碗",这也是可以理解的。所以要从他们的实际担心和焦虑出发,帮助学生和家长分析目前的就业形势以及不就业全职考研或全职考公存在的风险,介绍有工作经验的好处,及时纠正一些学生和家长的错误认识。在帮助其分析利弊以后,尊重学生自己的选择,高校就业工作者应该本着"以生为本"的原则,加大人文关怀。不能让学生和家长认为,学校就是为了就业率而一味催促学生就业,导致家校矛盾。

案例二十八

如何解决非师范类院校数学类专业毕业生就业难题

一、案例简介

某交通类高校数学与统计学院2019届毕业生共180人，其中数学类大类毕业生115人，应用统计学专业毕业生65人。其中数学类大类经专业分流后，分别为数学与应用数学专业66人，信息与计算科学专业49人。2018年9月学校就业工作启动以来，连续3个月的时间，数学与统计学院的毕业生仅签约5人，签约率2.7%，签约的5名毕业生均是辅修了第二专业道路工程或者会计的学生，其余学生均未能就业。也并不是这些学生没有积极参加招聘会，而是在9、10月就业黄金时期时，他们被用人单位屡屡打击。每天来校招聘的单位十几家，很少有招收数学类专业的毕业生，学生连着两个月每天都留意招聘信息，积极去招聘现场，想谋求就业，均被无情的现实打得遍体鳞伤，渐渐地开始不再那么积极地跑招聘会了，即使有些单位招聘的岗位是专业不限，他们也没有了当初就业的热情。辅导员见状就与一些企业的招聘人员进行了交流，同时也与部分毕业生进行了谈心谈话了解情况，同时还在毕业生中做了一个问卷调查，经过调查统计发现，一些单位对于数学类相关专业的毕业生确实没有用人需求，还有部分单位要招收信息与计算科学和应用统计学专业的毕业生，但是我们的毕业生并没有掌握他们需要的技能。辅导员将学生就业的情况和近期的思想动态汇报给学院分管领导，眼看秋季学期的招聘即将进入尾声，学生的就业工作推进得如此艰难，学院的党政领导也十分焦急。

二、案例分析

经过学院党政领导讨论，决定立即通知各系部主任、各课程学科带头人、实习指导老师、毕业班辅导员参加就业工作推进会议。在会议上在场的人员都对目前学院毕业生的就业情况进行了分析讨论，找到了以下问题：

1. 人力资源市场供需失衡

由于近年来高校的扩招，大学毕业生的人数逐年增加。但是，社会对于数学类专业本科毕业生的岗位需求却比较少，数学类属于理论性学科，针对师范类高校毕业生有对应的就业出口，但是对于非师范类院校的数学专业毕业生就限制众多。并且，身为交通类高校，来校招聘的单位多属于工程单位，来校招聘单位中对数学类有招聘需求的单位，实属少见。

2. 学生就业竞争力弱

绝大多数毕业生都只停留在理论知识的学习，职业生涯规划模糊，就业准备不足，缺乏实践锻炼，对于实操性的技能掌握较少。

3. 学生心气高，眼高手低

过于追求物质待遇和地域优势，即使发现找工作难也不愿意先就业再择业，对于一些专业不限的岗位例如销售看不上，不愿意从事相关行业。

4. 学生就业主动性不够，不愿意到校外找工作

在来本校招聘的单位少的情况下，应积极主动走出学校，到其他的理学类、工商类高校和大型人才招聘市场参加招聘会，寻找更多的就业机会。

三、案例处置与措施

在分析完就业率低的各种原因后,学院成立了一支"就业帮扶队伍",由学院分管学生工作的副书记、系主任、实习指导老师、毕业班辅导员组成。针对剖析出的问题,一一对应解决对策。

1. 充分利用校友资源,拓展就业市场

由学院党政领导带队走访用人单位,拓展学院毕业生就业岗位。

2. 加强校企合作,按照当今企业的用人要求,对学生进行相关技能的培训

采取"引进来"和"送出去"两种模式,引进来就是将用人单位的专家引进校园为学生讲课,让学生了解当前的就业单位需要什么样的人才,并教给学生一些职业技能;送出去是指将学院毕业生的毕业实习进行改革,不再由校内的老师在校内对其进行实习指导,而是将实习指导老师和学生一起送到专业的技能培训机构去,让师生都及时接受新的实操技能的培训,做到理论与实践相结合。

3. 与教务部门做好学分置换或学分认证工作

鼓励学生在大四期间到学校与企业联合举办的正规培训单位学习专业技能,增强就业竞争力,同时解决学生因实习导致部分学分不够的问题。

4. 加强思想政治教育和就业指导,帮助学生树立正确的就业观

鼓励学生先就业再择业,不要一味好逸恶劳,寻求高薪且轻松的工作。鼓励学生先到基层工作,增加自己的阅历,积累工作经验,掌握相关技能,然后再根据自己的实际情况进行择业,不要妄想一步到位。

5. 辅导员在其他就业信息发布平台帮助学生收集招聘信息,及时转发给学生,鼓励学生走出校园

陪同学生参加校内招聘会,针对学生面试现场存在的问题,及时对学生进行指导,并向用人单位推荐毕业生。

四、实践效果

经过"就业帮扶队伍"全体人员的努力,通过校友资源的介绍,学院成功拓展了就业市场,获得了大量的就业信息。在老师们的耐心引导下,大部分同学转变了就业观念,树立了正确的就业观。2019年6月学生毕业离校时就业率达到了89%,参加了就业技能培训的73名学生全部找到了满意的工作。还有部分学生先暂时签约了教育培训机构,打算先积累一些教学经验,后期准备考中小学等事业单位。

五、案例反思

1. 就业是事关民生的大事,所以帮助毕业生解决就业问题,是目前高校的重要工作之一

就业帮扶能为毕业生,尤其是家庭困难的毕业生提供有效帮助。通过就业帮扶机制做好毕业生就业指导,能够让毕业生更加准确地认识自己,全面地了解当前的就业形势,掌握相关就业信息,提升就业信心,明确就业方向,为进入职场做好准备。

2. 提前做好就业帮扶工作

就业帮扶不能在大四发现毕业生就业难时才开始着手帮扶,应该从大一新生入校时就开始有意地对学生进行学业生涯和职业生涯的规划指导,在大三时开始就业指导。针对本案例中数学类专业本科生就业难的问题,在大一新生入校时就让其了解目前专业的就业形势,引导大部分学生考研,这样也能在很大程度上缓解就业困难的问题。在低年级就帮学生做好"两涯"规划,选择继续深造的学生朝着考研的目标努力,选择就业学生提前做好相关职业技能的学习,提前在假期到相关单位进行实习实践锻炼,增强就业竞争力。

3. 人才培养方案更新

有些高校在人才培养方面存在一些问题,例如培养方案陈旧,所用教材落后,在专业设置和划分上,缺少适应社会需求和市场需求的对接机制，导致毕业生不符合用人单位的需求。

4. 学生就业帮扶需要学院领导的引导和对接，帮扶队伍的成员范围需要扩大

单凭学院副书记和辅导员是往往是不够的。本案例中正是因为有学院党政领导的带领，有各系主任、课程负责人、实习指导老师等众人的通力合作，在全体老师的共同努力下，学院的毕业生就业工作才得以顺利推进。

案例二十九
如何帮助理工科女生顺利就业

一、案例简介

某高校材料科学与工程学院2020届毕业生有238人，其中男生180人，女生58人，女生绝大多数选择考研，女生中考取研究生的人数为30人，其余28人均有求职需求。但是临近5月，在春季学期招聘会即将进入尾声时，仍然有近50%的女生未能顺利就业，理工科女生这一就业困难群体急需关注。

二、案例分析

通常情况下，女生成绩整体比男生好，按理说一般招聘单位应会优先选择专业成绩较好的学生，但是为什么女生的就业率却偏低呢？是女生就业积极性不高？还是就业信息获取渠道不畅通？又或是用人单位在招聘时更偏爱男生？如何帮助女生顺利就业，这确实是当前就业工作者所面临的一道亟须解决的难题。

女生学习成绩普遍偏好，说明绝大多数女生具有较强的上进心。那为何会出现女生的就业难的局面呢？辅导员通过个别谈心谈话和集中座谈会的方式进行了摸底调查，大致了解了女生就业难的几点原因。

1. 多数招聘单位存在一定的性别歧视现象

很多单位虽并未在招聘简章中明确写明"只招男生"的字样，但是在实际的招聘过程中，个别单位发现女生的简历就直接放弃；即使有的女生获得了面试机会，招聘人员也会在面试过程中含蓄地表达"宁可选成绩差的男生，也不愿招成绩好的女生"，这也是女生就业比男生困难的客观原因。

2. 受地域限制。女生通常比较念家，想毕业后在家附近工作

一些女生把就业地局限于老家附近，就使得就业信息获取受限，导致就业面变窄。

3. 自身定位不准确，没树立正确的就业观

一些女生的理想工作是"钱多、事少、离家近"。对于可签约的单位不是嫌钱少，就是嫌工作太累，或者嫌离家远等。就这样挑来选去，最后错过了很多就业的机会。一些女生一心只想进入国企、事业单位等体面且工作环境好的单位工作，但是这类企业对于本科生的需求不大，且从业门槛相对较高。

4. 自身综合素质不高，就业积极性较低

多数女生虽然学习成绩比男生好，但是实际动手能力和创新能力方面却有所欠缺，部分女生往往只注重课堂的理论学习，却较少参加社会实践，人际交往、组织协调、突发事件的应变处理等各方面的能力有所欠缺。在求职受挫后，就业积极性就明显降低，开始出现"既然找不到好的单位，就全职考研"的逃避想法。

三、解决措施

1. 帮助女生正确分析，科学定位，制定合理的就业目标

辅导员通过"一对一"谈心谈话的方式，统计女生的就业意向，如生源地、工作地点、工作岗位类别、期望工资待遇等详细信息，建立就业帮扶台账。根据学生的具体信息，进行多次"一对一"帮扶谈话，帮助学生树立合理的目标，调整理想与现实的差距。思想上教育引导他们要有艰苦奋斗的作风和吃苦耐劳的精神，帮助她们做好到基层和生产一

线去工作的思想准备，拓宽就业渠道，建立先就业再择业的就业观。

2. 帮助学生收集就业信息

在本市和本校的就业网站、学生生源地人才网、学生理想就业地的高校就业网等各大就业信息发布网站收集就业信息，及时将就业信息转发给学生。同时积极联络用人单位，有针对性地推荐毕业生就业。

3. 加强职业生涯规划和就业指导，帮助女生做好求职准备

目前绝大多数高校都开设有"职业生涯规划和就业指导"课程，在就业指导教师讲好就业指导课程的基础上，辅导员再通过年级会议、主题班会等方式，双管齐下，开展关于就业形势、简历制作、面试礼仪等相关知识的讲座，举办求职模拟招聘大赛等活动，帮助女生更深入全面地了解当前的就业形势，学会制作简历，掌握基本的求职面试礼仪知识和必备的求职技巧，合理定位就业目标和未来的发展方向，做好就业前的充分准备。

4. 提升综合实力，增强就业竞争力

虽然部分女生的实际动手能力弱于男生，但是她们在形象气质、语言表达能力、耐心细心等方面比较有优势。因此，女生在实验室数据分析、教师、文职工作等岗位上有一定的竞争力，根据学生的实际情况鼓励她们合理选择岗位，早谋划、早准备，考取相应专业的上岗证书或参加一些职业认证培训，例如：材料检测员证书、教师资格证等，提升自己的就业竞争力。

5. 发挥朋辈互助的作用

邀请优秀的往届毕业生和已就业女生与未就业学生进行求职经验交流，学习别人的成功经验中。

四、实践效果

在辅导员老师的耐心引导和关心帮助下，经过全体同学的共同努力，材料科学与工程院2020届毕业时，除考研录取外，待就业女生人数仅为

6人。通过辅导员毕业后的跟踪帮扶，截至2020年12月，除一名女生选择全职考研以外，其余女生均已成功就业。

五、案例反思

1. 要想走出理工科的女大学生就业难的困境，首先应从自身出发，改变传统观念，正确定位

因此，学校需要加强对女大学生的就业指导，帮助女大学生明确就业目标，引导学生正确地进行自我认识、自我评价、科学定位，最终找到合理的求职目标，坚定求职信念。

2. 加强职业培训

一些女大学生只注重课堂理论知识的学习，缺乏理论与实践相结合的锻炼，进行职业培训，加强职业技能的学习和应用，有助于增强女大学生的就业竞争力。

3. 要发挥好优秀学生的"传帮带"作用，充分发挥好朋辈互助的良好效果

全球经济下滑，当前就业形势异常严峻，女大学生的就业相比前几年会更难。高校就业工作者可在帮助女大学生就业时，成立一支专业的就业帮扶队伍，建立"一站式"就业服务体系，畅通就业信息渠道，拓展就业岗位，发掘校友资源，帮助学生顺利就业。

小　结

在就业形势愈发严峻的情况下，大学毕业生自主创业也成为了实现自我价值的另一条路，随着"大众创业、万众创新"的时代浪潮，加强大学生创新创业教育也是促进就业的一项重要工作，大学毕业生创业成功不仅能解决自身的就业问题，还能为社会提供就业岗位。但是，目前

部分高校对于创新创业的指导力度不够，师资配备不合理，一些负责讲授创业课程的教师自身并无创业实操经验，仅是纯理论教学，教学效果不理想。高校应聘请真正的创业成功人士进入校园，为学生讲授他们真实的创业之路，分享失败的教训和成功的经验。

帮助大学生正确处理好创业与学业的关系。虽然国家大力提倡大学生创业，一些高校也相继出台大学生创业休学不计入学习年限等鼓励政策，但是作为学生教育工作者还是需要为学生严格把关，分析利弊，教育引导学生切不可贸然放弃学业而冲动创业。

对于特殊困难群体毕业生，例如家庭经济困难毕业生、少数民族毕业生、残疾毕业生、女大学生等，建立就业帮扶台账，成立帮扶队伍，实行"一生一策"动态管理制度，动态跟踪就业状态，针对毕业生就业需求和专业特色、自身特点，进行个性化辅导，做到精准帮扶。

帮助毕业生树立正确的就业观，理性确定自己的奋斗目标，先就业再择业。鼓励学生到基层、到西部、到祖国最需要的地方建功立业。

参考文献

[1] 郑海味,等.高校学生工作典型案例研究[M].上海:上海交通大学出版社,2020.

[2] 刘新跃,陈润,姚敏.高校辅导员工作案例选编[M].合肥:中国科学技术大学出版社,2016.

[3] 杨大鹏,马亚格,罗茗.高校学生工作管理创新研究[M].北京:北京理工大学出版社,2019.

[4] 侯士兵.高校辅导员工作案例精选[M].上海:上海交通大学出版社,2022.

[5] 张祥云.匠心筑梦——高校辅导员工作案例精编[M].济南:山东大学出版社,2022.

[6] 金昕.高校辅导员工作案例研究[M].北京:人民出版社,2019.

[7] 王文杰.高校学生事务管理工作案例选编[M].北京:光明日报出版社,2018.

后　记

此书根据在高校中真实发生的学生案例，从教育引导、学风建设、学生干部培养、奖助学金、朋辈互助式心理疏导、校园危机事件应对、创业就业 7 种不同的类型的经典工作案例着手分析讨论，既还原了真实事件，又对案件的来源和学生的身份信息做了改写处理，保护学生的隐私。在还原案例的基础上，对案例情况进行了分析、提供了解决思路和方法、给出了教育效果呈现、案例反思的研究总结等，并给出了在处理过程中所依据的相关管理规定和法律依据。

作为从事了十年学生教育管理的人，我尝试着与读者分享自己多年在一线的学生工作中收获的经验与教训，期许能够给刚加入学生工作队伍的老师带来一些帮助和借鉴，更希望能收获同行的经验指导与交流。

本著作受重庆市教育委员会人文社科研究项目：朋辈互助式心理服务系统和危机干预机制探究（项目编号：21SKGH090）资助。再次感谢在本书写作和出版过程中提供帮助的同行和西南交通大学出版社的专家、老师！